陈 曦◎著

中国企业原油风险套期保值策略研究

ZHONGGUO QIYE YUANYOU FENGXIAN TAOQI
BAOZHI CELUE YANJIU

四川大学出版社
SICHUAN UNIVERSITY PRESS

图书在版编目（CIP）数据

中国企业原油风险套期保值策略研究 / 陈曦著. — 成都：四川大学出版社，2022.9
ISBN 978-7-5690-5336-4

Ⅰ.①中… Ⅱ.①陈… Ⅲ.①原油—期货交易—研究—中国 Ⅳ.① F832.53

中国版本图书馆CIP数据核字（2022）第021917号

书　　名：中国企业原油风险套期保值策略研究
　　　　　Zhongguo Qiye Yuanyou Fengxian Taoqi Baozhi Celüe Yanjiu
著　　者：陈　曦

选题策划：张宇琛
责任编辑：张宇琛
责任校对：周　艳
装帧设计：墨创文化
责任印制：王　炜

出版发行：四川大学出版社有限责任公司
　　　　　地址：成都市一环路南一段24号（610065）
　　　　　电话：（028）85408311（发行部）、85400276（总编室）
　　　　　电子邮箱：scupress@vip.163.com
　　　　　网址：https://press.scu.edu.cn
印前制作：四川胜翔数码印务设计有限公司
印刷装订：四川盛图彩色印刷有限公司

成品尺寸：170mm×240mm
印　　张：7
字　　数：129千字

版　　次：2022年9月 第1版
印　　次：2022年9月 第1次印刷
定　　价：38.00元

本社图书如有印装质量问题，请联系发行部调换

◆版权所有　◆侵权必究

前　言

原油是当今世界非常重要的工业原料与战略资源，其价格的波动牵动着经济领域的方方面面。20 世纪 70 年代以前，原油价格相对平稳。2000 年以后，国际油价开始暴涨暴跌。随着原油期货市场的发展，原油期货市场的投机行为进一步增强了原油的金融属性。而美国持续的货币宽松政策，更是进一步增加了原油价格的不确定性。在此背景下，深入了解原油价格波动成因对于国家经济安全及相关企业的稳定经营均具有十分重要的作用。但在已有研究中，国内外学者对原油供需对油价波动的影响理解较深，对金融因素对原油价格的作用与形成机理分析却较为欠缺。因此，本书将在分析影响原油价格波动的基本供求及其他因素的基础上，对原油价格金融属性的产生、原油价格波动的主要金融影响因素与作用路径进行深入分析，以了解原油价格波动金融成因的内在机理。

随着原油金融属性的逐渐增强，一方面，油价的波动在频繁变化的金融市场影响下持续上演着暴涨暴跌的行情；另一方面，原油相关期货市场的发展成熟也成为原油相关企业规避油价风险的主要途径。在此背景下，为对冲价格波动带来的风险，部分原油相关企业（如航空公司、原油生产企业等）纷纷进入金融衍生品市场套期保值以稳定盈利能力，减少经营风险。国际衍生品协会调查显示：全球五百强企业中不参与期货市场的极少。相较之下，我国原油相关企业在期货市场中的参与度较低，在原油套期保值中也有所亏损。之所以产生这一现象，除相关企业管理层对期货市场认识不足与企业的部分机制限制之外，其原因主要有三个：

其一，套期保值策略选择错误，油价套保绩效较差。企业开展套期保值交易时，需要寻找合适的套期保值合约、正确的套期保值方向与合理的套期保值比率（即现货与期货的比例）。套期保值比率主要包含两类：动态（即时变）套保比率与静态（即非时变）套保比率。国内外学者对期货市场的套期保值比率也做了大量的实证分析。在对现有研究进行梳理后，我们发现：学者们对于动态与静态套保比率的绩效存在一定的争议；同时，我国学者的研究主要以农产品、贵金属和股指期货为主，关于原油套期保值的研究较少且主要采用上海燃料油期货或原油期货；对于中国企业利用国际原油期货进行套期保值的研究相对较为缺乏。

其二，国内金融市场缺乏对冲油价风险的成熟产品。作为原油的主要消费、进口与生产国，为帮助相关企业规避风险并应对能源危机，我国于2004年8月25日在上海期货交易所推出了180CST工业燃料油期货，但上海燃料油期货的活跃性逐渐降低，其套期保值效果也随之下降。在此背景下，越来越多的中国大型原油企业开始在国际期货市场寻求套保工具。

其三，套期保值对企业流动资金的占用以及企业的逐利冲动往往使得企业陷入"回避"或"过度"套保的两极选择。持有原油期货合约需要付出不菲的期货保证金，这使得企业不得不思考套期保值的成本问题。根据套保理论专家的观点：企业在参与套期保值时，往往看重自身在期货市场所获得的投资收益。与传统套期保值理论注重风险规避不同，现代套期保值理论通常将期货与现货看成一个组合资产，最终谋求有限风险下的最大组合收益。而国内外学者关于原油套期保值的研究大都基于风险最小化原则，忽略了企业套期保值过程中的收益需求。

因此，针对国内外学者套保方案研究中的不足并结合我国原油产业链价格风险规避的现实需求，本书将在深入剖析原油价格中的金融成因的前提下，对国内外原油期货市场的功能与关系进行分析，通过实证分析找出规避我国原油现货价格风险的合理的期货合约，通过动静态套保比率的绩效比较，确定适当的套保比率。此外，本书还将对原油期货的套利方式进行改进，使其融入中国企业的套期保值策略之中，在转移中国企业经营风险的同时，帮助中国企业获取更大的投资收益，对中国企业有效规避油价风险具有相当的理论意义与实践参考价值。

最后，在本书撰写过程中，赵元浩、于文华、郭婷婷、王剑泽、李颖、赵思祺与赵盼月同学参与了较多的资料整理及汇总校对工作，在此表示衷心感谢。

目 录

1 中国原油供需与企业期货交易参与情况分析 ……………………（1）
   1.1 原油的基本性质与种类 ……………………………………（1）
   1.2 中国原油的供给与需求 ……………………………………（2）
   1.3 中国原油进口相关概述 ……………………………………（4）
   1.4 中国原油相关企业 …………………………………………（6）
   1.5 中国企业原油期货套期保值交易分析 ……………………（9）

2 国内外原油期货套期保值策略研究综述 ………………………（11）
   2.1 原油价格波动成因研究 ……………………………………（11）
   2.2 石油相关期货市场有效性研究 ……………………………（15）
   2.3 套期保值策略研究 …………………………………………（16）
   2.4 研究评述 ……………………………………………………（19）

3 原油价格波动的影响因素分析 …………………………………（22）
   3.1 原油价格波动的基本影响因素 ……………………………（22）
   3.2 金融因素对原油价格的影响与作用路径分析 ……………（24）
   3.3 原油价格波动金融成因的内在机理 ………………………（26）

4 国内外原油期货市场发展情况分析 ……………………………（29）
   4.1 期货市场的定义与功能 ……………………………………（29）
   4.2 国外主要原油期货 …………………………………………（32）
   4.3 中国原油期货市场发展历程与现状 ………………………（35）

5 中国原油现货与原油期货价格的关系研究 ……（40）
5.1 期货市场的有效性 ……（40）
5.2 期现货市场价格间互动关系的检验模型 ……（41）
5.3 中国原油现货价格与原油期货价格关系的实证研究 ……（44）
5.4 国内外原油期货市场之间的引导关系研究 ……（52）

6 中国企业规避原油价格风险的基础套期保值策略研究 ……（58）
6.1 套期保值合约的选择原则 ……（58）
6.2 套期保值比率的计算方法与绩效检验 ……（61）
6.3 实证分析 ……（63）

7 基于套利改进的套期保值策略研究 ……（77）
7.1 期货市场的套利交易分析 ……（78）
7.2 基于套期保值需求的原油期货套利方式分析 ……（87）
7.3 套利套期保值过程设计 ……（91）
7.4 套利套期保值策略的实证检验 ……（93）

结　论 ……（99）

参考文献 ……（102）

1 中国原油供需与企业期货交易参与情况分析

1.1 原油的基本性质与种类

原油通常是指从地下直接开采出来、未经提炼或加工的石油，是一种天然不可再生的、黏稠的、黑色的流动或半流动状态的油状液体，可以燃烧。从化学性质上看，原油的主要成分包括烷烃、环烷烃与芳香烃等由碳和氢化合形成的烃类化合物，其占比一般为95%~99%。其余部分则主要为含硫、氧与氮的化合物。一般而言，原油多为黑色，但也有深褐、暗绿、浅黄甚至暗红褐等颜色；此外，由于原油中的杂质往往含有硫、氧、氮化合物，故而具有不同程度的浓烈的气味。此外，原油的密度并不固定，根据产地的不同，其相对密度大多介于 0.8~0.98g/cm³ 之间。

根据化学或物理性质不同，原油可分为若干种类，常见有以下几种。

1）按烃类成分分类。

由于产地不同，不同原油的化学成分中所含的烃类物质与比例均不同。据此，原油可分为石蜡基石油、环烷基石油和中间基石油。其中，石蜡基石油中烷烃的含量较多；而环烷基石油中含环烷烃与芳香烃类物质较多；中间基石油中各类烃类物质的含量则介于两者之间。

2）按含硫量分类。

按照含硫量从低到高的顺序，原油可以分为超低硫原油、低硫原油、含硫原油和高硫原油四类。硫对于原油的品质影响较大，原油含硫量越低，油的品质越好。一般而言，低硫原油中硫的比例需小于0.5%，而高硫原油中硫的比例则大于1.0%。

3) 按相对密度分类。

根据相对密度,原油可分为轻质原油、中质原油和重质原油三类。一般而言,若相对密度小于 0.87g/cm³,则称为轻质原油;相对密度介于 0.87~0.92g/cm³ 之间即为中质原油;若相对密度大于 0.92g/cm³,则称为重质原油。轻质原油中杂质较少,开采与炼制相对容易,而中质及重质原油的开采与炼制工艺复杂度较高,成本相对也较高。

1.2 中国原油的供给与需求

1.2.1 中国原油的供给现状

中国是全球五大石油生产国之一。1959 年以前,我国的原油消费基本依赖于进口,后来经过长时间的研究探索,成功开采了大庆油田,迎来了自产原油的时代。截至 2020 年 12 月,我国已建成长庆油田、大庆油田、塔里木油田、渤海油田、西南油气田、胜利油田等 29 个原油生产基地。目前,我国已探明石油储量 65.13 亿吨,预计可采资源量为 160 亿~170 亿吨。2002—2020 年国内原油的总体产量情况如图 1-1 所示。

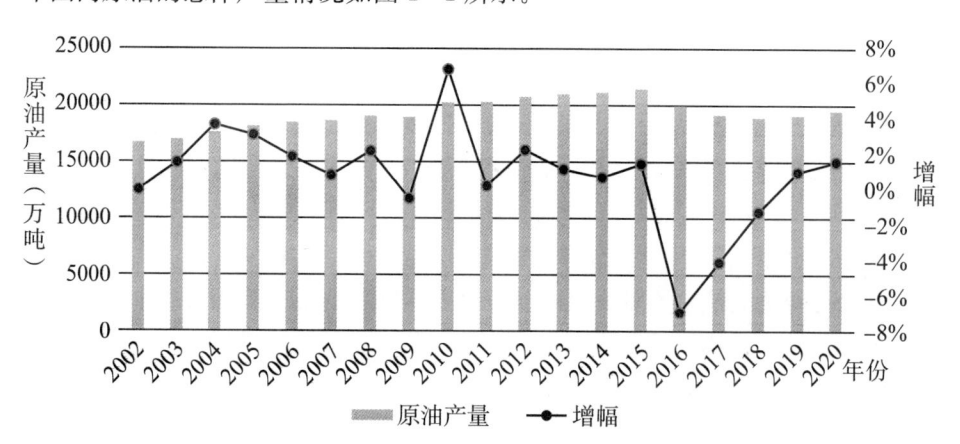

图 1-1 2002—2020 年国内原油总体产量情况

数据来源:Wind 数据库。

从图 1-1 可知,2015 年之前,我国原油产量呈小幅增长趋势,且 2015 年以 21455.58 万吨达到了我国历史产量的最高峰,但在此之后,由于世界局势的巨大变化,国际原油价格持续低位运行,再加上部分油田从常规油气开采向难度更大的非常规油气开采转变,我国原油的开采效益有所缩减。伴随上游投资不足与部分油田的停产，2016—2018 年，我国原油产量持续下降，能源安全面临极大的挑战。2019 年，国家出台相关政策，大力促进国内勘探开发资金和工作量提升，伴随油价回暖，我国原油产量开始回升，2019 年产量为 19101.4 万吨，环比增幅 1.01%。2020 年，为保障国家能源安全，积极应对新冠肺炎疫情、低油价、需求不振等不利因素的影响，在中央、地方、石油企业的共同努力下，我国 2020 年原油增产成效依旧显著，当年原油产量达 19492 万吨，同比增长 1.6%，原油产量持续回升。

1.2.2 中国原油的需求现状

我国经济的快速增长带动了油气资源的需求，2002—2020 年，我国原油需求量呈现不断上升的趋势，具体如图 1-2 所示。2020 年，我国原油需求量为 73600 万吨，与 2002 年同期相比增加了 2.88 倍。对比图 1-1 我们不难发现，我国原油的供需缺口日益扩大，快速增长的原油需求已经很难完全通过国内供给来实现。自 2010 年我国原油缺口量首次基本持平当年原油产量以来，缺口量与生产量之间的差距不断拉大，与我国作为原油储量大国的地位不甚匹配，这也反映出我国自有原油探明储量不足的现实情况，体现了我国原油需求增速远超供给、对外依赖性强的特征。

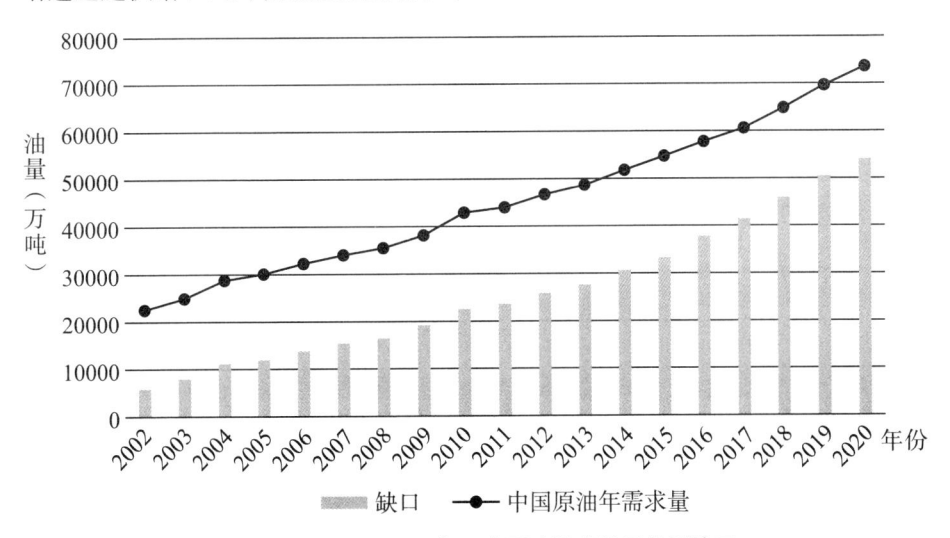

图 1-2 2002—2020 年国内原油需求量及供需缺口

数据来源：Wind 数据库。

1.3　中国原油进口相关概述

图1-3表明了我国2002—2020年原油进口量及进口增速的变化趋势。可以看出，我国原油的进口量虽逐年递增，但增速有所减缓。2020年，我国原油进口总量达54238万吨，但增速较2019年下降了1.62%。原油需求的增加是中国经济持续稳步增长的必然结果，也是中国经济继续发展的有力保障。由于我国石油勘探开发力度很难完全满足经济发展的需求，大量进口原油的情况会在较长一段时期内持续。

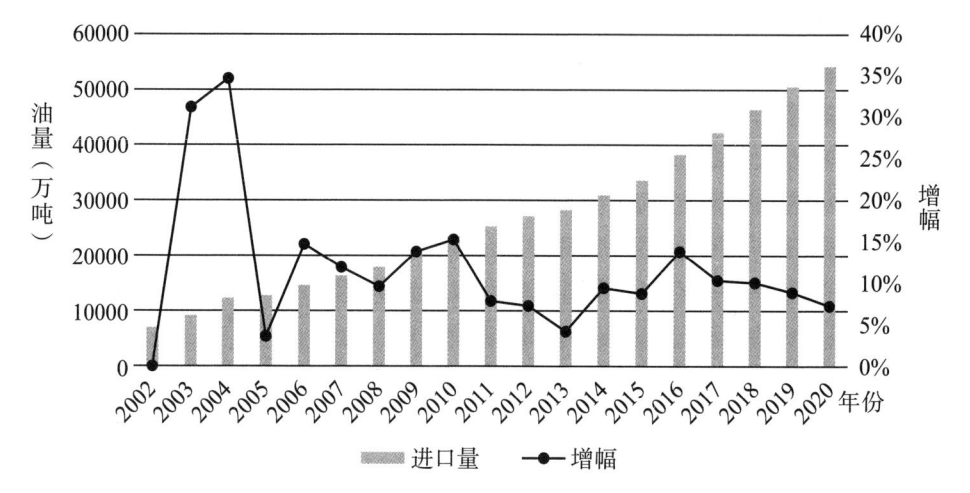

图1-3　2002—2020年国内原油进口量及进口增幅

数据来源：Wind数据库、中国海关总署官方网站。

中国统计年鉴和海关总署公布的相关统计数据显示：2020年，中国曾从50个国家进口原油。从累计总量来看，我国原油进口主要来源国是沙特阿拉伯、俄罗斯、伊拉克、巴西、安哥拉、阿曼、阿联酋和科威特，从这些国家的进口量占全年进口总量的69%。近年来，为保障国家原油进口安全，避免长期对单一国家原油的过度依赖，国家进行了相应的政策调整，八大主要来源国的原油进口量随之出现较为明显的变动，具体如图1-4所示。从图中可以发现，2019年与2020年两年中，我国最大的原油进口国均为沙特阿拉伯，其次是俄罗斯。2020年，中国向俄罗斯进口原油8357万吨，与2019年相比同比增长7.4%，占比15.42%。此外，伊拉克排名也较为稳定，2020年合计供应6012万吨，占比11.09%，年度排名保持第三；巴西供应总量2020年较2019年有所上升，合计供应4219万吨，年度排名位居第四；安哥拉2020年供应总量与2019年相比有所减少，合计供应4179万吨，位列第五。

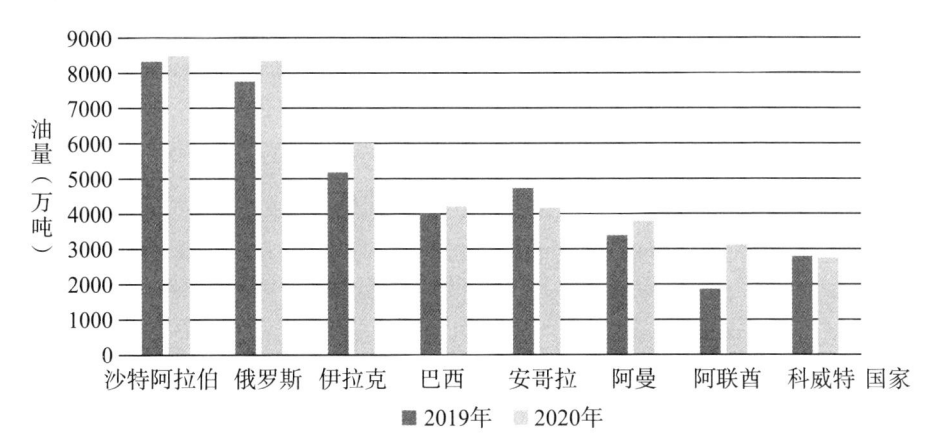

图1-4 2019年与2020年中国原油主要来源国进口量变动情况

数据来源：中国统计年鉴、中国海关总署官方网站。

原油对外依存度是指国家原油年净进口量占该国年原油消费量的比重，可以在一定程度上体现该国经济与生活对国外原油的依存度。按照一般国际标准，50%即为原油对外依存度的"警戒线"。我国2002—2020年原油对外依存度趋势如图1-5所示。从图1-5可以看出，我国已于2008年超越"50%"这一警戒线，且在随后的12年间呈不断攀升之势。2018年，中国原油的对外依存度首次突破70%，达到了73.96%，保障原油的进口安全成为维护我国能源安全的关键。

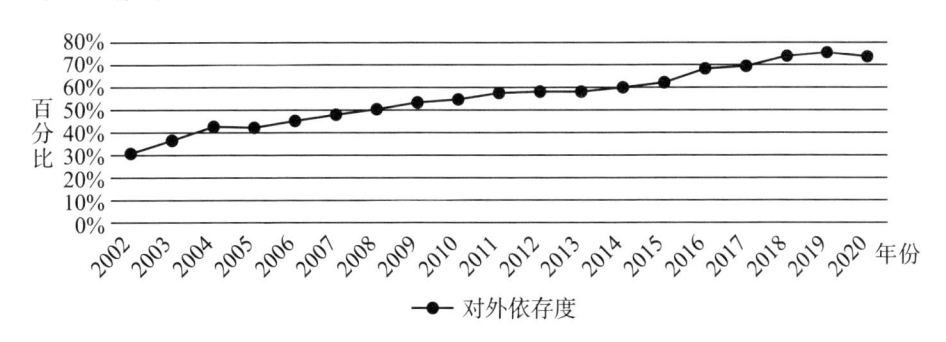

图1-5 2002—2020年中国原油对外依存度趋势

数据来源：Wind数据库。

1.4 中国原油相关企业

1.4.1 原油产业链分析

原油产业一般分为上游、中游、下游三个部分。上游的主要任务是对自有原油储量进行开采或者向其他产油国进口原油，以弥补本国产油量的不足。中游是石油炼制，主要以原油为起始原料进行成品油的生产，同时生成乙烯、丙烯、丁二烯、苯、甲苯、二甲苯等基础化工原料，最后生产出终端产品。中游环节往往还包含了成品油的分销、批发与零售。下游则主要是成品油的消费者与需要基础化工原料的石油化工厂。具体如下。

1) 上游产业。

原油的上游企业主要为从事石油勘探与开发的企业。石油的勘探与开发主要通过地质勘探分析地质结构，根据油气储存的相关理论综合分析原油的储存与开发情况，并确定合理的开采区域与开采方案。

近年来，受国际原油价格波动与低油价的影响，我国原油开发企业的经营压力较大，企业效益面临挑战。《2020年石油和化学工业经济运行报告》显示：截至2020年12月末，我国油气开采业共有规模以上企业365家，累计实现利润总额270.9亿元，相较2019年下降82.3%。其中，原油开采企业总体亏损，净亏损利润共计49.4亿元。

我国原油产量日益增长的需求催生了大量原油进口企业。目前，我国有原油的国有贸易进口经营权的企业有中国中化集团有限公司、中国国际石油化工联合有限责任公司、中国联合石油有限责任公司、珠海振戎公司与中国海洋石油集团有限公司。此外，还有大量按配额进行原油进口的企业。2020年，我国进口原油的企业已超过60家。

2) 中游产业。

原油是几类烃化物的混合物，同时含有一定的杂质，因此，需要经过炼制加工才能形成各种成品油及基础化学产品，从而实现原油的经济价值。原油炼制出的产品主要包括汽油、柴油、煤油、石脑油等，为交通运输与制造业提供重要的燃料。在进行一次馏分加工后，还需要对原油进行深加工才能形成优秀的成品油。另外，企业对馏分油进行热裂解、催化重整等加工后，也可制成一些基础化工原料。

原油炼制后便涉及成品油的分销、批发及运输问题。实际上，暴涨暴跌的原油行情给原油炼制企业包括成品油分销企业的经营均带来了极大的不确定性。我国相关炼油企业的利润在 2018 年 11 月、2019 年 1 月、2019 年 6 月曾多次下滑，而国内使用阿曼原油进行炼制的企业所呈现的波动则更为剧烈。2018—2019 年，国内主营炼油厂曾出现多次负利润情况，而 2019 年 6 月单月利润增幅又高达 1289%，平均炼油利润为 403 元/吨。2021 年上半年，国内主营炼油厂炼油利润为 628 元/吨，虽利润较 2019 年与 2020 年有所提升，但受原油成本影响，经营压力仍然较大。根据中国经济技术发展中心数据，2015—2020 年，我国炼油企业数量大幅减少，超过 20% 的炼油企业被迫转型。

3) 下游产业。

原油的加工工艺主要包含三次加工，其中，第三次加工主要指石油化工。石油化工厂基于石油一次、二次加工的中间品，主要是基于石油馏分和天然气中的乙烷，通过化学过程而生产出不同类型的化工产品。其中，比较典型的石油化工产品包括乙烯、丙烯、丁二烯、苯与二甲苯等；这些基础化学产品又可以被加工成塑料、纤维、人造革等，从而作为基础的化学原料进入人们的衣食住行当中。中国石油和化学工业联合会发布的《2020 年石油和化学工业经济运行报告》显示，截至 2020 年 12 月末，石油和化工行业规模以上企业 26039 家；行业营业收入 11.08 万亿元，同比下降 8.7%；利润总额 5155.5 亿元，同比下降 13.5%。

此外，原油产业链下端还包含成品油的零售环节、成品油管道与油库等相关配套企业，以及大量的原油消费企业，包括汽车、航空、农用机械、航运等。

总的来说，从原油开采到石油化工，原油产业链上直接参与的制造型企业数量众多且规模庞大。从 2021 年《财富》杂志所公布的数据来看，世界 500 强企业中，我国上榜原油生产企业 5 家，炼油企业 24 家，化工企业 11 家。此外，考虑到原油所制成的成品油与石油化工产品是我国经济与民生中不可或缺的产品，故而，原油价格的波动不仅会对原油产业链上的制造与贸易企业产生影响，而且容易通过其下游消费传导到国家经济的方方面面。

1.4.2　中国三大石油集团公司

相对于俄罗斯、美国、中东等国际老牌石油大国或地区，我国原油行业起步相对较晚。1907 年，陕西省延长县首度发现自有油气资源。1939 年，甘肃玉门成功钻出"老君第一号油井"，标志着玉门油田的成功勘探。在随后的 10 年里，玉门油田成为我国能源供给的主力，其产油量在我国总产量中所占比重约为95％。1959年，我国勘探队于东北松嫩平原成功勘探出大庆油田，象征着新中国石油工业的崛起。时至今日，我国原油工业逐渐形成了以三大石油集团公司为主、其他石油企业为辅的稳定格局，下文将主要对三大石油集团公司进行介绍。

1）中石油。

中石油，全称"中国石油天然气集团有限公司"，是我国主要的油气生产企业，同时也是中国境内最大的原油供应商。中石油在我国原油的上、中、下环节都占据着较优的市场地位。其业务主要涉及石油、天然气的勘探开发、炼油化工、销售贸易、管道运输、石油工程技术服务、石油机械加工制造、石油贸易等领域。目前，中石油旗下共有12个油气田，主要分布于东北（大庆、盘锦等）、西南（四川）、西北（塔里木、克拉玛依等）地区，总体油气资源在国内占据优势地位。在2021年《财富》杂志公布的统计数据中，中石油位列世界500强第四位。

2）中石化。

中石化，全称"中国石油化工集团有限公司"，是我国特大型石油石化企业集团之一。与中石油相比，中石化原油产量略次，但其原油炼制与石油化工业务则更为突出。目前，中石化是我国最大的成品油和石化产品供应商。目前，中石化旗下共有11个油气田，主要分布于中原（河南、湖北等）、华东（江苏、上海等）、西南（成都）以及西北（乌鲁木齐）地区。在2021年《财富》杂志公布的统计数据中，中石化排名仅居中石油之后，位列第五。

3）中海油。

中海油，全称"中国海洋石油集团有限公司"，是我国经国务院批准成立的特大型国有企业，也是中国境内最大的海上油气资源生产运营商。中海油的业务板块主要包括油气勘探开发、油气专业技术服务、油气资源炼化与销售、天然气发电、化工产品开发与销售、海上风电以及油气相关金融服务等。截至2019年年底，中海油在国内主要有5个产油地区，分别位于渤海湾、南海西部、南海东部、东海及南海中部区域。在2021年《财富》杂志公布的统计数据中，中海油位列世界500强的第92位。

为解决我国原油长期存在的供需严重不平衡问题，近年来，我国三大石油集团公司加大了勘探上的投入力度。2019年，中海油在我国渤海莱州湾北部区域成功发现了大型油田垦利6-1。相关数据显示：垦利6-1油田的地质储量超1亿吨，同时，从发现井的试验数据来看，该油田原油品质较好、产能较高。2020年，中石油在塔里木油田也取得了勘探上的突破，满深1井日产原油624立方米，满深3井日产原油1610立方米。这些重大勘探发现有助于保障我国能源供给的安全，对降低我国油气的对外依存度有重大意义，同时也有利于我国应对近年来日益复杂的国际形势。

1.5　中国企业原油期货套期保值交易分析

从理论上来讲，若能够正确利用原油期货工具进行套期保值，并不会带来巨大的市场风险，反而能够帮助企业利用期货工具规避价格风险，获得稳定收益，从而增强其销售信心。通过对我国原油相关企业参与套期保值交易过程的分析可以看出，其中可能存在以下几类问题。

其一，套期保值方向与比例不合理。在规范的套期保值交易中，企业对于原油期货交易的买卖方向应当与实际经营中所涉及的现货头寸的方向相反。同时，企业所持有的原油期货或期权的数量也应该与实际交易中所需要的现货数量相匹配。从具体案例中我们不难发现，部分企业持有的金融衍生品数量已远远超出现货市场的需求，因而造成巨大亏损。此外，企业在套期保值交易中常常对原油价格的涨跌进行判断，进而参与价格投机，这必然会导致其套期保值的交易方向与比例出现偏差，从而带来大额亏损。

其二，对原油期货工具认识不足。从过去企业进行套期保值的实践绩效中我们不难发现，部分企业管理者对原油期货工具的认识存在较多不足，主要体现在以下两个方面。首先，管理者对期货工具存在误解，他们在考核企业期货部门时，并没有使其与现货部门同步，而是二者独立进行，他们普遍认为期货部门的相关人员在应用期货工具时必须为企业带来收益，否则便是失职。其次，管理者并没有意识到期货工具存在可能需要不断追加保证金的风险，虽然当前从期、现货端的综合情况来看企业并没有出现亏损，但当出现现货端不断收益、期货端不断亏损的情况时，由于金融工具的高杠杆性，企业需要不断地向其期货交易账户中补充保证金，若不及时补充，则会面临被斩仓的风险，最终，确定的潜在亏损变为确定的实际亏损，可能导致期货亏损远远高于现货收益，使得企业套期保值的风险规避失败。

其三，企业对期货市场利益的过度追逐。与企业管理者对套期保值工具认识不足相伴相生的，是企业对于期货市场利益的追逐。在套期保值过程中，不可避免地会持有期货证券并产生期货合约的交易与持有成本。在期货市场的交易中，受投机氛围的影响或出于降低套期保值成本的目的，企业往往对期货市场的交易产生利益的需求，同时也会导致企业在面临亏损时不愿采用止损策略，而是进一步参与以试图挽回损失，最终扩大企业的亏损额度。

其四，熟悉国际衍生品市场的期货交易专业人才储备较少。成功的原油期货套期保值需要系统的专业知识作为基础，而具备这些专业知识并熟练运用的专业人才是企业实现规避商品价格风险的重要保障。国际原油期货市场比国内更加复杂，相关企业很容易受到国际对冲基金的联合针对。另外，我国期货市场发展时间较短，国内期货交易相关人才目前在国际石油衍生品方面的专业训练以及实操经验方面还远不到位，一定程度上面临人才不足的情况。

其五，企业自身缺乏严格执行的内部风险管控体系。能够严格执行的企业内部风控机制是保障企业实现良性发展的核心条件，其在企业内部能否得到有效落实，成为保障企业自身安全、管控风险的深层原因。因此，企业要建立健全内部风控机制，做到对企业风险的实时监控。

综上，伴随我国经济与原油产业的发展，原油期货的价格波动势必影响我国经济的方方面面，通过期货市场以规避原油价格风险是我国企业稳定经营的必然选择。然而，在我国企业参与套期保值的实践过程中，由于认识不足、人才缺乏与制度不全等原因，部分企业并未取得理想的套期保值收益。因此，我国企业在提升对期货市场认识、引进并培养人才、规范企业风控制度的同时，也有必要加深对原油价格的影响因素的理解，对各国的原油期货市场及其与现货市场的关系进行深入分析，探究适合我国企业实际情况的套期保值策略，最终实现企业的健康发展，促进我国经济安全。

2 国内外原油期货套期保值策略研究综述

对于原油相关的勘探、开发、炼化、运输、化工、原油销售等行业来说，原油价格的波动对其企业经营的平稳性有着极大的影响。

为帮助原油相关企业规避油价波动带来的风险因素，套期保值成为行业的主要手段与研究重点。目前，国内外相关学者的研究主要集中于石油价格波动成因、国内外石油相关期货市场有效性与套期保值策略三个方面。

2.1 原油价格波动成因研究

根据传统经济学理论，作为全球性的重要工业与战略资源，原油价格应由全球原油的生产供给与消费量共同决定。然后，其不断增强的金融属性又使得价格形成中融入了较多的金融因素。目前，国内外学者对原油价格波动成因的研究主要集中于供需因素与金融成因两个方面。

关于供需因素对于原油价格波动的影响的相关文献较多，其中比较具有代表性的有：

Bjirnland H C（2000）研究分析了总需求、供给和油价冲击对各国GDP和失业的动态影响，并确定了不同冲击在解释产出波动时的作用。同时还审查了各国之间经济波动的对称性，通过对结构向量自回归模型施加动态限制来识别不同的冲击。对于大多数国家来说，原油价格的冲击对产出产生了重大的负面影响。Gate D 和 Huntington H G（2002）则估算了全球96个最大的人均收入国家能源和原油需求变化对收入和原油价格的影响，发现原油需求与价格之间并不存在对称关系。Lutz K（2009）提出了一种最新开发的衡量全球实际经济活动的方法，将原油的实际价格分为四个部分进行结构分解：产油国政治事件引起的供应冲击；其他原油供给冲击；对工业商品及原油市场的需求冲击；它们对原油实际价格的动态影响以及在确定1975—2005年间原油实际价格中的相对重要性。韩冬炎（2004）运用理论与实践相结合的方式研究了原油产量、原油消费、生产成本、库存变化、替代产品、社会经济政治关系六大类因素对原油价格的影响。得出的结论为国际油价主要是由原油的供给与需求来决定的。在此基础上，作者向政府提出了原油价格调控的相关建议。张玉柯、胡光辉（2012）认为原油是一种特殊的商品，兼具金融和政治属性。他们根据商品属性通过可耗竭资源模型、供需模型和市场结构模型分析了供给与需求对原油价格的影响；同时，认为原油价格波动还可以通过政治影响与战争威胁来解释。最终提出，政治与金融均会对原油价格产生影响，但供需因素才是影响原油价格的本质因素。方燕、李美（2012）对国际原油价格的影响因素与影响期的长短进行了实证分析。结论显示，原油的供需因素是决定油价波动长期趋势的原因，而一些政治、贸易等方面的突发事件则对油价产生较短时间的影响。何鸿（2013）分析了世界经济、OPEC供给因素、非OPEC国家的供给情况、替代能源、政治因素与投机因素对原油价格的影响。最终认为，其他因素最终会通过供需影响原油价格。影响油价波动的根本因素仍是供需因素。董静寒（2017）对近年油价下跌的原因进行了详细的分析，认为原油需求增速的下降与各国原油产量的增加从供给与需求两个方面压制了油价；还对油价的趋势进行了预计，认为原油的储量、开采和炼制能力与技术、原油的需求是预测油价的关键因素。曾和丽（2018）从经济、产业结构、能源消费结构、原油储量、原油品质与原油勘探开发能力等方面分析了供需因素对油价的影响，认为原油供需不平衡是推高原油价格的主要原因。

事实上，随着原油价格波动的加剧，国内外学者对于原油价格波动的成因研究，也逐渐开始从基础的供需因素向金融市场的投机行为及定价货币的汇率波动等因素转变。Chandrasekhar和Ghosh（2008）认为除计价因素以外，美元汇率能够通过影响原油贸易中的实际付出与收获对原油的供求关系产生影响，进而影响国际原油价格。OPEC（2006）认为投机因素在原油期货及衍生品市场的交易行为是原油价格高位震荡的主要原因，其改变了原油价格与供需间的关系。张昕、马登科（2010）对2002—2009年间油价高位震荡的原因进行了分析，认为巨额的"原油美元"是推高原油价格的主要力量，"原油美元"在证券市场的流动是国际油价动荡的主要原因。两位学者提出，改变原油交易的货币体系有助于平稳油价；同时，对"原油美元"的投机行为应进行测算并制定一定的"熔断制度"。

刘建（2013）结合供需与美元汇率、投机因素等对国际原油价格的影响因素进行了实证分析，认为在2003—2011年间，市场需求的增长是影响原油价格的长期主要力量。但是，在短期波动中，原油期货市场的投机行为才是导致价格波动的主要原因。同时，美元汇率也是原油价格的主要影响因素，但原油供给与市场利率对原油价格的影响并不显著。在较长时间内，原油需求与投机行为是原油价格波动的主要成因。

陈明华（2013）选取了多种金融因素，试图建立起国际油价波动的内在机理。他采用了多种实证分析方法，对原油价格的相关金融因素之间的相互作用及对油价的影响进行了分析。他认为，原油价格相关的金融因素主要包含储备货币、计价货币、原油美元规模、原油期货市场、投机资金与美元汇率等。其实证分析结果表明，各金融因素之间相互影响，同时，金融因素是导致国际油价波动远大于供需变化的主要原因。美元汇率比投机资金对原油价格的影响更为显著，而供给对原油价格虽有影响，但相对较小。

蒋瑛（2014）根据美国商品期货交易委员会所发布的持仓报告，通过商业交易者与非商业交易者的平仓量与净多头头寸，分析了期货市场中的投机行为对原油期货价格在当期与滞后期的影响。他认为，在石油期货市场中，商业交易者对价格的影响占主导作用，但非商业性交易者由于交易频繁，对原油价格的波动有较大影响。采用2007—2012年的数据进行实证分析后，发现非商业性交易的持仓对石油价格存在显著的影响关系，但投机因素对原油价格的后期影响并不显著。

隋颜休、郭强（2014）对影响原油价格的投机因素进行了界定，运用商业交易者与非商业交易者的未平仓合约数量、多头或空头头寸、套利头寸等数据，构建了投机压力、投机规模、短期投机与过度投机的指标。同时，将原油的供给、需求、货币政策、主要金融市场指数、经济政策不确定指数、主要国家经济领先指数以及突发政治或金融事件等因素统统纳入考虑。结果发现，2004年后，原油价格的金融属性加强；原油需求是影响原油价格的主要因素，但投机因素是原油价格巨幅波动的原因。隋颜休认为，投机压力与投机规模是影响原油价格的主要因素，而短期投机活动对油价影响较小，此外，相较于各主要金融市场的指数、货币政策对油价的影响更为显著。

王倩（2016）也分析了各金融因素对原油价格的影响，认为投机资金直接引发了原油价格的波动，金融衍生工具则放大了这一波动的幅度。而计价货币的汇率则会对原油价格产生系统性的影响。通过方差分解，王倩发现非商业交易头寸与美元汇率确实会在短期内对原油价格产生影响，但相较之下，美元汇率的影响更大。

刘建和等（2017）分析了人民币实际汇率指数与布伦特原油期货价格之间

的相互影响与风险溢出；通过小波分析法，刘建和指出布伦特原油期货与人民币实际汇率指数在 2007—2016 年间存在共同波动的特征。同时，二者之间存在相互的负向影响；在领先滞后分析中，二者之间的溢出关系在短期内呈现增强的特点，后期逐渐减弱。

马郑玮等（2019）结合 2003—2018 年的数据，分析了 WTI 原油现货价格、阿曼现货价格、广义美元指数、原油期货持仓量、主要国家原油库存、世界原油需求等对布伦特原油期货价格的影响。结果表明，库存与需求并不会对原油价格产生显著影响。布伦特原油期货价格主要受现货市场影响，投机资金的持仓量对原油期货价格的影响较小且影响期短。此外，美元指数对原油期货价格也存在一定影响，但显著程度低于现货市场。

孙焱林等（2019）则从原油进口国与出口国两方面分析了汇率与原油价格之间的关系。结果显示，原油价格与出口国的实际有效汇率之间存在长期协整关系，但原油价格与进口国之间的协整关系不显著。这也在一定程度上说明了原油定价权在产油国与消费国之间的不平衡关系。

NYMEX（2005）认为对冲基金对石油价格影响较弱。Murphy（2008）在其研究中指出，原油金融衍生品市场的投机性交易并不是推高国际油价的主要原因，认为供求因素和紧缺性对石油价格起了主要作用，投机因素主要作用于原油的期货市场，但最终对原油现货市场的影响较小。

宋玉华、林治乾、孙泽生（2008）等研究表明：国际原油价格与套期保值净头寸、对冲基金净头寸和商业石油库存之间并不存在长期一致关系，认为投机资金并不是 2000 年后原油价格上涨的主要原因；同时指出，期货市场的套期保值者、投机者、套利者都不是国际油价长期上涨的原因，且不会加剧油价的短期波动。郝鸿毅等（2008）认为计价货币对油价有一定的影响作用，政治因素与投机因素对油价的上涨有一定的推动作用，但世界经济发展带来的原油需求的刚性增加才是油价上涨的本质原因，而产油国的产油能力的限制促使原油价格进一步飙升。Amano & Norden（1998）研究了油价冲击与美国实际有效汇率之间的联系。结果表明，这两个变量似乎是协整的，因果关系是从油价到汇率，而不是从汇率到油价。连接这两个变量的单方程误差校正模型是稳定的，并且可以捕获动态模拟中汇率样本内和样本外的大部分运动。石油价格可能是布雷顿森林会议后持续冲击实际汇率的主要因素，并且能源价格可能对未来的汇率行为研究产生重要影响。Feldstein（2008）也认为石油价格对美元汇率仅存在单方向的影响。

于宏源（2020）对 2020 年的油价波动原因进行了分析，认为 2020 年的低油价甚至负油价主要源于疫情蔓延所带来的全球经济低迷以及地缘政治经济博弈。一方面，经济低迷带来了原油需求的下降，另一方面，政治经济博弈对原油的供给产生了巨大影响，最终导致了原油价格的激烈波动。近年来，原油价格机制开始向国际金融市场转移，亚洲国家在原油价格博弈上的能力有所提升。

2.2 石油相关期货市场有效性研究

石油相关期货市场的蓬勃发展为石油价格风险的规避提供了新的途径，各大期货市场有效性的研究一直是学者关注的焦点。大部分的国外实证结果证实了国外原油期货市场风险规避功能的有效性，Quan（1992）、Kallard（1999）、Coppola（2008）对WTI原油期货价格和现货价格之间的波动情况进行分析，认为两者之间存在长期协整关系。Szakmary（1994）、Victor（1996）则认为在原油的期货价格与现货价格之间，是期货市场起主要的价格发现作用，从而引导现货价格。我国学者王群勇、张晓桐（2005），宋玉华（2007）等也在各自的研究中证实了不同国际原油期货市场的有效性。由于我国石油类期货市场发展较晚，在前期，关于能源期货市场的有效性的相关研究主要集中于燃料油期货市场。孙苏娟（2010）对 2009—2010 年的相关数据进行分析后认为，上海燃料油期货市场和现货市场的价格存在协整关系，且互为 granger 成因。虽然燃料油期货市场发展还不够成熟，但其市场的价格发现与风险规避功能已经基本具备。曹培慎、唐露芳（2011）也在研究中证实了参与燃料油期货市场进行套期保值的可行性。廖肇黎、张宏民（2009）则研究了应用上海燃料油期货对航油现货价格风险进行规避的可行性。通过相关数据的实证分析，其协整结果显示：新加坡航油现货价格与上海燃料油期货价格存在协整关系。上海燃料油期货市场可以为我国航空业规避航油风险提供套期保值的场所。孙瑾、赵志宏（2013）基于 2004—2012 年的相关数据，研究了航空公司进入上海燃料油期货市场对航油现货进行套期保值的策略。实证结果显示，它可以帮助航空公司规避一定的航油价格风险，套期保值绩效约为 0.15。王健（2009）结合航油套期保值的特点，对航空公司常用的几种套期保值的策略进行了论述，并对使用原油期货、原油看涨看跌期权和原油纸货市场进行航油套期保值的各自特点与优劣进行了分析，认为国内外原油与燃料油期货均可作为规避航油风险的有效手段。2018 年，上海原油期货上线以后，随着我国原油市场的发展成熟，学者也开始对上海原油期货市场的有效性进行研究。阎新奇（2020）对上海原油期货市场的价格发现功能进行了分析，发现上海原油期货市场主要受国际原油市场的影响，传递国际原油价格信息，但价格发现功能有效性还存在不足。

袁康（2020）分析了国内原油现货价格与国内外原油期货价格之间的关系。研究发现，INE原油期货与国内原油现货之间存在长期协整关系。但从双向引导关系来看，二者间的相互影响较为均衡，上海原油期货市场已经发挥了其价格发现功能，但并不显著。同时，研究还发现，WTI与布伦特原油期货市场对我国原油现货市场的影响较大。

2.3 套期保值策略研究

2.3.1 套期保值的原理

作为远期交易的主要形式之一，伴随期货市场的发展与成熟，套期保值成为期货市场的重要功能。对于在未来一定时期有商品现货买入或卖出需求的企业，其套期保值交易就是通过在期货市场持有特定数量的相关商品、头寸相反的期货合约，建立期现货之间的价格对冲机制来锁定远期交易价格。具体来说，在成熟有效的期货市场上，某商品的期货价格与现货市场的价格应该是趋于一致的。在期货合约到期之前，套期保值企业若因为现货市场的价格变动而发生损失或盈利，都会与持有的相反头寸的期货合约的盈亏相抵消，从而可以帮助企业平滑所面临的价格风险，稳定企业的经营与利润水平。

企业在现货市场的商品持有头寸不同，其套期保值的交易方向也有所不同，据此，套期保值也就常分为买入套期保值与卖出套期保值。

1）买入套期保值。

买入套期保值是现货交易者担心未来商品价格上涨带来经济损失，提前买入远期的期货合约来锁定商品价格，从而规避价格风险的行为，也称为多头套期保值。以石油炼化企业为例，该企业是以石油为基础原材料进行加工、炼化的企业，在石油市场上充当消费者、购买者的角色。为了避免日后购买石油原料时石油价格上涨导致企业购买成本上升，从而导致自身利润蒙受损失，石油炼化企业可以采用买入套期保值的方式，以减少石油价格上涨带来的风险。

2）卖出套期保值。

卖出套期保值即为现货市场的多头参与者为了防止未来现货价格下跌而造成损失，于是在期货市场卖出合约来规避风险的交易，也称为空头套期保值。以石油开采企业为例，石油开采企业是开采石油、向市场出售石油的企业，在石油市场上充当生产者的角色。石油开采企业为了保证自身出售石油的合理利润，防止日后交易时因石油价格下降产生经济损失，可以采用相应的卖出套期保值来减少石油价格下降带来的风险。

2.3.2 套期保值策略的研究阶段

1）传统套期保值。

传统套期保值是套期保值的初始阶段，关于此阶段的研究并不深入。传统套期保值通常采用相同头寸的期货来进行。该理论认为，当期货市场头寸相同时，现货市场上因价格波动而产生的损失可以全部从期货市场获得弥补。传统套期保值的目的是保障自身的生产经营业务，保持良好的经济利润。一般而言，传统套期保值通常全额进行，遵循四大交易原则，即持有的套期保值合约应方向相反、种类相同、数量相等、月份相同或相近。传统套期保值实际上是在假设商品现货价格与期货价格具有高度一致性的基础上进行的。

2）基差逐利型套期保值。

随着人们对期货的了解和研究不断深入，期货市场也随之不断发展，这也使得人们对期货的认识更加深入、全面。相关研究发现，人们以前认为的期货价格和现货价格的变化是一致的这种观点太过于绝对。实际中，期货市场的价格波动很难完全地同步现货市场价格，因此，企业在现货市场的盈亏很难通过期货市场完全弥补。在传统套期保值的过程中，企业往往面临较大的基差风险。换而言之，套期保值可以减少一定因价格变动导致的风险，但并不能完全消除这种风险。那么在不能消除这种风险的情况下，是否可以克服或者管理基差呢？于是，有交易双方采用了协商的方法。具体地，由套期保值者来确定协议基差幅度以及期货期限。此时，现货市场的交易者可以选择某日的商品期货价格作为计价的基础。某日的期货价格加上协议基差就构成了交易双方现货商品的协议价格。这种方式也被称为基差逐利型套期保值。相对于传统的套期保值，基差逐利型套期保值关注基差，即现货市场与期货市场的价差变化，并不完全以风险规避为目的。同时，基差逐利型套期保值也并不要求交易的品种与现货商品相同，而是选择价格相关性较高的期货即可。因此，基差逐利型套期保值实质上是一种基于基差的套利行为。套期保值的参与者往往只有在认为存在基差套利机会时，才会去参与这种套期保值。

3）投资组合型套期保值。

投资组合型套期保值是基于马科维茨的组合投资理论发展的，即将现货市场和期货市场的资产看成一个投资组合，并且根据组合投资的预期收益和预期收益的方差来确定现货市场和期货市场的交易头寸,以此来实现降低收益风险或者效用函数最大化的目标。投资组合型套期保值与前两个阶段的套期保值具有很大的区别。同时,投资组合型套期保值具有灵活性强、交易品种可以不尽相同、交易数据可以不尽相等鲜明的特点,更适用于较为成熟、完善的期货市场。

2.3.3 套期保值比率的相关研究

套期保值功能的有效发挥,与持有的期货头寸与现货头寸之间的比率密切相关。因此,套期保值的比率确定一直以来都是国内外学者的研究热点。随着 Johnson(1960)和 Stein(1961)将投资组合理论的引入,一系列典型的计量模型被提出,包括 OLS 模型、B-VAR 模型、ECM 模型等。但是,此类静态套期保值比率确定方法的有效性一直饱受诟病。考虑到方差的波动性,在 Mathew 和 Holthausen 首次运用动态规划确定套期保值比率之后,包括 ECM-GARCH 模型、SSM 模型在内的动态套期保值模型相继产生。大部分的国外学者研究显示,动态套期保值比率比静态套期保值比率的效果更优。

我国学者对期货市场的套期保值比率确定方法及其绩效做了大量的实证分析。黄瑞庆、何晓彬(2005)对我国黄豆、铜、小麦的套期保值比率确定模型及其绩效进行了实证研究。研究采用了多类 BEEK 模型来确定套期保值比率。实证结果显示,BEEK-GARCH 模型确定的套期保值比率效果最好,而 SBEKK-GARCH 模型的套期保值绩效最差。凌鹏(2007)则对我国发展较为成熟的铜期货市场的套期保值比率与绩效进行了研究。他还在铜现货价格和上海铜期货价格之间的协整关系的基础上,分别运用回归分析模型、自回归模型与误差修正模型对其套期保值比率进行了分析。实证结果显示,误差修正模型的套期保值比率值相对较大,占用资金相对较多。但从风险规避的效果上看,误差修正模型的套期保值绩效要优于 OLS 模型与 B-VAR 模型。但从效用最大化的角度来看,OLS 模型所得出的套期保值比率绩效更优。彭红枫(2009)在对中国大豆期货市场进行套期保值比率估计及绩效对比后发现,动态套期保值比率并不能更好地实现风险规避效果。相较而言,回归分析模型确定的套期保值比率的绩效最优,而 VAR 模型与 B-ECM 模型的套期保值绩效次之;动态套期保值模型 B-GARCH 与 ECM-B-GARCH 估计的套期保值比率并不能很好地规避大豆现货市场的价格风险。

钱丽霞、黄运成(2009)对沪深 300 股指期货对 A 股市场的套期保值比率及绩效进行了研究。实证分析结果显示,OLS 模型与 ECM-GARCH 模型所得的套期保值比率相较 B-VAR 模型与 ECHM 模型更高；从套期保值的绩效上看，四个模型所得套期保值比率的绩效较为类似。相较之下，ECM-GARCH 模型最优，OLS 模型次之。同时该研究发现，套期保值期限较长时，套期保值的绩效更为平稳，风险规避的效果也更好。

王俊、张宗成（2005）在其研究中，使用 OLS 模型、B-VAR 模型、ECHM 模型和 ECM-GARCH 模型对中国的小麦期货、大豆期货、铜期货与铝期货的套期保值比率进行了估计并对比了其套期保值绩效。实证结果显示，我国贵金属期货市场的风险规避功能发挥较好，套期保值绩效优于农产品期货市场；从套期保值比率的估计模型来看，考虑了协整关系来估计的套期保值比率的绩效相对较好，而 OLS 模型与 B-VAR 模型的绩效相对较差。

李蕊（2011）研究了沪深 300 指数期货对中证开放式基金指数的套期保值比率与绩效。研究采用了 OLS 模型、ECM 模型与 ECM-GARCH 模型对套期保值比率进行估计并对比了其套期保值绩效。实证结果显示，三个模型所得套期保值比率的绩效较为相似，均能实现较好的套期保值效果。相较之下，ECM-GARCH 模型所得的动态套期保值比率绩效略优。

梁静溪、司莹莹（2014）分析了 2012—2013 年间，大豆期货的套期保值比率与绩效。所采用的套期保值比率估计模型为 OLS 模型、ECM 模型与 ECM-B-GARCH 模型。最后得出结论，ECM-B-GARCH 模型所确定的套期保值比率绩效最优。

张元祯（2020）利用 OLS 模型、BEEK-GARCH 模型和 ECM-B-GRACH 模型对上海铜期货对铜现货的套期保值比率与绩效进行了对比分析。研究认为，OLS 模型的套期保值绩效优于 BEEK-GARCH 模型和 ECM-B-GRACH 模型。

张瑞琪（2018）以上证 50 股指期货与上证 50 指数为研究对象，应用典型的套期保值比率估计模型对其进行了实证分析，以比较不同套期保值模型在上证 50 股指期货上的套期保值绩效。结果显示，ECM-GARCH 模型所得出的动态套期保值率的绩效优于 OLS 与 ECM 等模型得出的静态套期保值比率。

2.4 研究评述

从上述文献梳理中我们可以看出，在石油价格波动的影响因素中，学者们都认同原油的供给与需求是影响原油价格的主要因素，但是对于政治因素与金融因素对油价的影响，尤其是在近年石油价格的巨幅波动的主要成因上存在较大争议。实际上，从图 2-1 中我们也可以看出，供需因素并不足以解释近 20 年大起大落的油价波动。

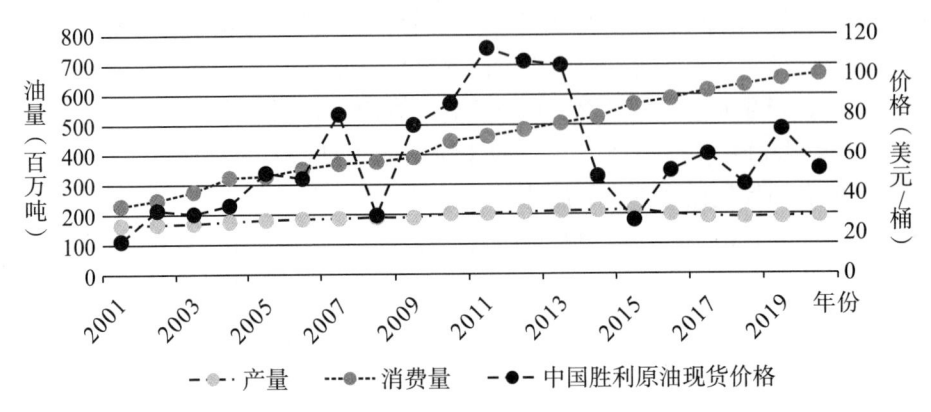

图 2-1　2001—2020 年全国石油产量、消费量与胜利原油现货价格对比

因此，有必要通过对石油价格金融属性及金融市场对石油价格的金融成因与作用机理做深入分析。

在石油类期货市场有效性检验的研究中，针对我国燃油期货市场以及企业油价风险套期保值市场选择的研究相对缺乏。出现这一情况的原因主要在于我国铜、农产品、股指期货市场发展相对成熟，与我国相关现货市场关联性较强，期货合约的选择较为清晰。而我国企业所面临的能源期货市场则相对特殊。一方面，原油作为世界性的重要工业原料与国际原油价格的关联程度极高；另一方面，我国能源期货市场发展时间尚短，我国原油期货市场功能发挥的有效性尚待检验。因此，本书将验证上海原油期货价格发现与风险规避功能的有效性，并分析中国原油现货价格与纽交所的西德克萨斯中质原油期货价格以及伦敦交易所的北海布伦特原油期货价格之间的关系，探讨采用国际原油期货进行套期保值的可能性。

此外，学者们对于动态与静态套期保值比率的绩效存在一定的争议。目前，我国企业在原油期货的套期保值实践中也未获得足够的套期保值绩效。我国学者的套期保值研究均依赖于单一的期货合约。因此，企业无法通过套利解决风险规避需求与投资收益需求的平衡问题。为帮助企业更好地规避风险并取得合理的投资收益，有必要对比各类油价套期保值的绩效优劣，尝试将原油期货的套利方式进行改进，使其融入企业的套期保值策略之中。

综上，本书将对原油价格的金融成因与作用机理进行分析，关注国内外期货合约与动、静态套期保值比率在我国原油现货价格套期保值交易中的适应性，通过绩效对比选择恰当的基础套期保值策略；还将对传统的套利交易进行改进，将其融入原油企业的套期保值策略，帮助我国企业实现原油现货风险规避并获得较低风险下的超额收益。

3 原油价格波动的影响因素分析

3.1 原油价格波动的基本影响因素

3.1.1 供给因素分析

原油是一种重要的、不可再生的化石原料，与各国经济发展与人民生活息息相关。受到技术、经济和其他因素的约束，目前还未有理想的原油替代能源。因此，原油的供给便成为影响原油价格的基础因素之一。

根据 BP 发布的 2020 版《世界能源统计年鉴》，截至 2019 年年底，全球原油资源探明储量为 2446 亿吨。从原油储量的分布上来看，中东国家原油储量最高，合计 1129 亿吨，占比 46.2%，约为探明储量的一半；其次为南美、中美与北美地区，合计 872 亿吨，占比 35.7%；其后分别为欧洲、非洲、亚洲。

从原油的生产组织与国家来看，目前原油的供给主要分为两类：第一类是石油输出组织（OPEC）的成员国家，第二类是非 OPEC 的国家通过自己勘探、开采出相应的原油资源来实现的供给。

OPEC 于 20 世纪 60 年代左右成立。此前，大量公司获得原油特许权开始涌入原油市场，导致由于过度供给而产生不良竞争。在恶性竞争的影响下，油价被迫下跌，显著降低了中东各个产油国的收入。在此背景下，中东的五个主要产油国将各国的原油资源进行集中管理形成一个组织，以应对导致恶性竞争的原油公司，这便是现在的 OPEC。该组织发展至今共有 13 个成员国，沙特阿拉伯是其中最大的产油国。

OPEC 的成立就是为了通过成员国拥有的原油供给来影响原油的价格，从而维护中东各个产油国的权益。具体来说，该组织通过参股、收购或者控制分散在世界各地的原油公司来控制分散在世界各地的原油资源。于是，产油国便拥有了本国原油资源的所有权，产油国以外的国家只能通过契约的形式从产油国获得部分原油。通过以上方式，OPEC对原油价格的制定具备了巨大的决定权。目前，OPEC致力于原油市场的稳定与繁荣，实行原油生产配额制，必要时会通过调控供给来稳定原油价格。

不少原油进口国为了抵御高油价对于本国经济的冲击，开始采用一系列政策及措施来减少原油的使用，同时也在本国寻找原油资源，进行原油生产。目前，这些非OPEC国家的原油产量也在逐渐增加，在原油输出上出现了超过OPEC的趋势，其产量逐渐开始对世界的油价产生影响。其中较为典型的国家有美国与俄罗斯。

值得注意的是，近年来，受国际局势的影响，主要生产国之间的分歧与矛盾亦较为显著。在相互的牵制与博弈下，各主要产油国通过调控原油供给来稳定原油价格的能力受到削弱。

3.1.2　需求因素分析

与其他商品一样，需求也是影响原油价格长期趋势的一个重要因素。在各个需求因素中，原油消费国的经济增长是基础性的影响因素。当经济繁荣时，全球工业、交通与民生的发展均会带来原油需求的增长，进而对原油价格有提升的作用；而当经济衰退时，原油需求就自然减少，从而对原油价格产生抑制作用。

20世纪90年代，OPEC成员国以及非OPEC成员国对原油需求量的增长速度是同步的，并且呈现稳定增长的趋势，因此，产油国自身的需求也常常对原油价格产生影响。但是，从2000年开始到2014年，非OPEC成员国对原油的需求量远超过了OPEC成员国，为世界原油的消费增加了推进力。在此期间，以中国为代表的发展中国家的经济增长成为提升原油价格的主要力量。

值得一提的是，原油的需求对原油价格的影响大小是相对于原油的供给而言。原油需求对原油价格的影响实质上取决于需求与供给的相对高低。因此，用于反映供需平衡情况的库存，也就成了反映原油相对需求的一个重要指标。

原油库存包括常规库存和商业库存，常规库存属于政府的战略性储备，用于防止能源危机以及适当抵御金融危机；商业库存就是归于原油公司来控制用来供国民消费的那一部分库存。一般来说，常规库存反映的是政府对于原油价格的判断与态度；而商业库存反映的是原油供给与需求的相对关系。因此，从对原油价格的影响程度来看，商业库存比常规库存更具影响力。当库存增加时，说明市场上需求相对较小，原油供应过剩；当库存减少时，则说明相对于需求的数量，原油的供给相对不足，进而成为推动原油价格上升的主要力量。

总而言之，经济增长以及各国原油的库存情况可以反映原油的需求情况，进而与原油的供给一起成为原油价格波动的基本面因素。但是，由于没有替代能源，原油需求的变化是相对稳定的。在2020年4月所出现的超低油价与负油价都显著脱离了原油价格的基本供需关系，不足以说明原油价格的大幅波动情况。

3.2 金融因素对原油价格的影响与作用路径分析

通过对影响原油价格因素的分析可以看出：原油的供给及需求因素虽然都对原油的价格波动有一定的影响，但从对原油价格的影响的剧烈程度上来看，其不足以反映原油价格波动的主要原因。伴随金融市场的发展与原油金融属性的增强，金融因素成为近二十年来原油价格巨幅波动的真正原因。

3.2.1 原油价格金融属性的产生

两次原油危机之后，国际原油的定价权转移至OPEC成员国。对于依赖原油进口的国家来说，过高的原油价格会导致他们不得不采取以下两种行为来规避高物价所带来的高成本：一是通过发展科技来节省原油的使用，同时寻找新的能源替代品。二是勘探地质寻找本国油田。越来越多的国家因此减少了对原油输出国的相对需求量，导致原油输出国对国际油价的控制力逐渐减弱。原油的同期绝对供给量增多，但是各个国家的相对需求量减弱，导致了原油供给大于需求的情况，原油价格开始下跌，多余的原油开始走向现货交易。但由于原油市场具有长期和短期波动性，会给现货交易的双方带来不确定的价格风险，于是，买卖双方为了保持自己的成本和利润，制定特定的市场规则并签订合约进行交易，通过这一方式来保护原油产品的价值，因此产生了原油期货市场。

期货市场具有规避风险的功能，原油期货市场也是如此，它为供求双方转移、回避、分散风险提供了良好的途径。同时，原油买卖双方通过在原油期货市场进行套期保值业务来建立具有对冲性质的交易，以避免亏损。这就使得原油开始进入金融市场并具有了金融属性。

2015年左右，全球原油的供需总量已经保持相对平衡，且OPEC与非OPEC成员国不断加大原油的开采力度，导致原油供给不断增多，且大于总需求量，但是油价却始终保持在较高位置，这与原油的金融属性密切相关。

2020年负油价的产生更是原油金融属性的典型表现之一。脱离供需关系的负油价是原油的金融属性放大油价波动的结果。2020年以来，国际原油市场跌宕起伏，首次出现负油价现象，不仅成为史上最低，也刷新了投资者对原油期货交易的认知。原油是重要的大宗商品和投资产品，对原油类的产品投资早已成为不少金融机构推荐客户或是自己选择的资产组合配置的一部分。而国际油价持续走低，全球原油存储设施均接近饱和。在WTI原油期货合约即将到期进行实物交割时，由于期货的多头投资者没有足够的储油场所，投机者可能难以及时卖出手中期货，以致难以支付高额的物流与仓储费用。另外，由于原油开采商宁愿贴钱出售原油让买家处置也不愿意承受因关闭油井而出现的更大损失，原油本身的价值已经不能抵消存储或将原油运送到炼油厂的成本，负油价由此而生。同时，负油价也给原油类的投资产品带来了前所未有的风险。总体来看，负油价是一次期货市场的短期波动和投机行为的反映。

以上均可说明，在当今市场，原油金融属性所具有的作用已经几乎覆盖了原油本身所具有的商品属性的作用。

3.2.2 原油价格波动的主要金融影响因素

首先，原油价格的波动受到汇率的影响。原油普遍采用美元作为计价货币，因此，美元汇率的变化会影响到原油贸易双方在交易中的实际收入与成本。近年来，美国联邦储备委员会人为降低短期利率并长期实施量化宽松政策，使得美元多次贬值，从而造成了原油出口国销售实际收入的下降。原油出口国为了弥补损失，不断抬高原油价格并减少原油产量，造成了原油价格上的波动。

其次，原油价格的波动受原油期货及市场投机基金的影响。原油期货市场汇集了大量的原油套期保值者与原油价格投机者，逐渐成为原油价格的定价场所。而期货市场所代表的未来远期原油价格更是原油价格的先行指标，可成为左右原油价格的主要金融因素。当前，投资原油期货是操作国际油价的主要操作，近年来，不少大型银行、对冲基金以及其他投资基金纷纷进入原油期货市场。根据麦克·罗斯曼的观点，在国际油价中，市面上每一桶油的价格中大约有三成溢价都是从投机活动中产生的。

最后，在原油贸易中所产生的"石油美元"也成为影响原油价格的金融因素之一。"石油美元"是原油出口国在向别国输出的过程中引发的高额贸易顺差。1973年，布雷顿森林体系崩溃后，OPEC与美国达成的"石油美元"环流与回流机制,使石油成为继黄金之后,美元的新锚定物,原油也成为巩固和稳定美元地位的重要因素。经过近五十年的积累,"石油美元"的资金已经形成了巨大的规模。截至2018年,全球十大主权石油基金的资产规模总计达3.8万亿美元。由于资金规模庞大,"石油美元"不可避免地成为国际金融市场上重要的投资力量。"石油美元"的国际金融市场的流动往往对汇率、国债利率包括原油期货价格等产生影响,进一步加强了原油的金融属性。

3.3 原油价格波动金融成因的内在机理

在计价货币、"石油美元"、投机基金与原油金融衍生市场的共同作用下,原油的金融属性不断增强,也成为影响原油价格的重要原因。

具体金融因素之间相互作用的情况以及这些金融因素对国际原油价格影响的途径如图3-1所示。

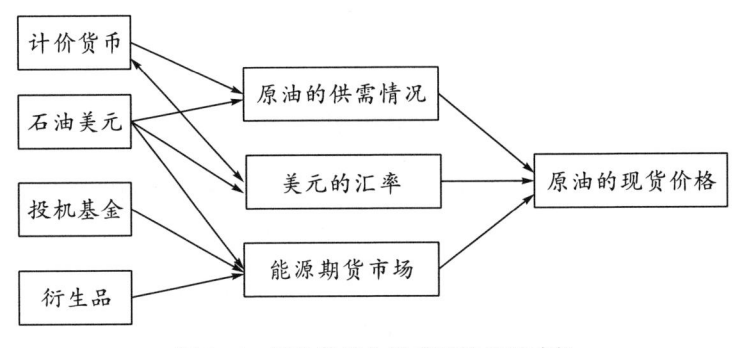

图3-1 原油价格金融成因的作用路径

3.3.1 原油计价货币的变化影响国际油价波动。

大部分情况下,原油是以美元来进行计价以及交易的。因此,美元汇率的波动必然会对国际原油交易的参与者的真实收支产生影响,从而通过影响原油市场上的供求关系来影响国际原油价格。对于各个国家来说,原油价格是使用本国的本位币来计量,美元汇率一旦发生变动,对应的本国的本位币也会发生相应的变动。比如美元贬值,本国的本位币会相对升值,若以美元计价的原油价格不变,就会导致生产商的亏损,原油的供给也会因此而减少。另外,美元贬值也会导致其他的国家能够以更低的价格购入原油。在买方和卖方的共同作用下,美元贬值将最终促使原油价格上涨。

近年来,为减少美元对原油价格的影响并增强国家实力,一些国家也加入了原油计价货币地位的争夺。比如，欧洲的经济实力增强促进了欧元在国际货币储备体系中的地位。与目前在逐渐贬值的美元相比，用美元计价反而比用欧元计价显得贵。这种情况下，不少国家纷纷提议使用欧元对原油交易进行计价以及结算，这使得美元在原油价格中的统治地位产生了动摇。此外，随着人民币地位的提升，我国在向俄罗斯、伊朗与阿联酋进口原油时，也开始逐步使用人民币进行交易。2017年9月15日，委内瑞拉更是宣布将人民币作为其石油的计价单位。人民币成为石油去美元化的另一股力量。当前，国际原油贸易过程较为繁琐，多数情况下，原油交易需要进行多次才能完成，一旦使用欧元进行交易，会增加新的汇兑风险，同样会造成贬值，新的"计价货币"的争夺又将开始。总之，只要"计价货币"的贬值问题不解决，国际油价将持续变化。

3.3.2 "石油美元"导致的国际油价变化

相较于石油产出国的投资市场规模来说，"石油美元"的资金量已经远远超过了其市场容量。因此，石油产出国不可避免地进入了国际投资市场。一方面，石油出产国往往将资金投入华尔街之类的国际金融市场中去，以期获得较大的收益，一定程度上影响了汇率与原油的期货市场。另一方面，汇率波动也会影响原油交易的实际收入与支出，进而影响原油的供给与需求。近年来，在美元持续贬值的情况下，石油产出国将更多的"石油美元"转投原油现货及期货市场，加剧了原油的价格波动。此外，值得注意的是，"石油美元"在金融市场的参与上常常是短期性的，"石油美元"在国际金融市场间的不断移动影响了国际金融市场的稳定，也进一步促进了原油价格的波动。

3.3.3 投机基金导致的国际油价的变化

近年来，在次贷危机以及美国多次量化宽松政策后，美元多次贬值，各界纷纷对此表示担心，众多基金纷纷投入了商品期货市场进行投机交易。原油作为一种重要能源，其对政治以及经济条件的敏感性使之成为投机的首选目标。

投机基金在原油期货市场上的买卖行为，必然涉及原油期货价格的制定，从而对原油期货价格产生影响。进一步地，由于现货市场的价格常常以期货市场价格为参考或者密切相关，投机基金最终将通过影响期货市场而影响到原油的现货价格。近年来，投机原油拓展了原油的交易方式以及投资理念，使得投机基金成为影响原油价格的重要力量之一。

3.3.4 与原油相关的金融衍生品的诞生导致的国际油价的变化。

随着金融创新的出现，与原油相关的金融衍生品以及相关组合数量众多。其中发展成熟的各大原油类期货市场则成为联结国际原油市场、金融市场以及资本市场的纽带。但是原油期货市场的发展具有强烈的两面性，一方面，期货市场为原油的相关企业提供了转移风险的有效途径；另一方面，期货市场的投机行为也将进一步提升国际油价的波动水平，进而通过原油期货市场向现货市场传导，影响相关企业的经营与世界经济安全。

综合以上对影响原油价格的供需、政治与金融因素的分析，可以得出以下两个结论：

第一，原油产品本身具有的国际战略特性、不均衡分布与需求的相对稳定性决定了原油价格波动的基本面因素。政治因素会对原油价格波动产生短期的突发性干扰，但不足以解释原油价格波动与供需因素的长期背离。

第二，金融因素在国际油价变化中起主导作用。一方面，原油以美元计价的特点决定了原油价格与美元汇率之间的强关联性；另一方面，伴随全球原油期货市场的快速发展与大量投资、投机、套期保值者的涌入，原油金融属性产生并进一步强化。金融因素通过汇率市场、期货市场影响原油供求与投机氛围，从而成为影响国际油价的重要因素。

4 国内外原油期货市场发展情况分析

4.1 期货市场的定义与功能

4.1.1 期货与期货市场

一般说来，商品现货市场的供求矛盾往往较大。需求旺季时，商品的价格往往被推高，从而给生产者带来丰厚的回报。另外，这也将刺激生产者进一步扩大商品生产，从而带来更多的市场供给者。实际上，商品在下一出产季往往会出现供大于求的情况，从而导致价格下滑。而利益受损的生产者又大量减产，进而反向出现供不应求的情况，从而促使商品价格上涨。在现货市场上，产品价格波动常常既影响生产者的利益，又影响消费者的利益，不利于生产者和经营者做出正确决策，最终影响整个社会的经济状况。以上情况催生了远期交易并最终产生了期货。

期货是期货合约的简称，是由期货交易所统一制定、规定在将来某一特定的时间和地点交割一定数量标的物的标准化合约。不同于当期的现货交易，期货是一个远期的交易合约。该合约约定了交易执行的时间、交易的物品、特定的交易量以及交易价格。在已上市的期货合约中，比较常见的是商品期货，例如大豆、铜、铝、铁矿石、黄金、焦炭、小麦、原油、棉花等。此外，期货市场中也包含了金融期货，其标的物主要是金融工具或指标，如外汇、利率、股票指数等。

回顾期货交易的发展史，期货交易的萌芽出现在古希腊和古罗马时期。中世纪时，期货交易活动在欧洲和日本等地又有所发展，形成了初步的交易制度、管理规则和仲裁原则。19世纪中后期，期货交易又在美国迅速发展起来。1848年，芝加哥期货交易所成立，成为世界上最早的正式进行期货交易的专门市场，主要买卖谷物期货。1891年，美国出现了第一个完整的期货交易结算所，并建立了严格的结算制度。期货交易结算制度的确立进一步推动了期货交易的发展，使之更加完善和规范化。随着商品检验技术的进步，期货合约交易方式实现了商品数量的标准化、商品质量等级标准化、交割期限标准化和交收地点标准化，期货商品范围也进一步拓宽，不仅有十几种农产品、林产品等初级产品，还出现了大量贵金属、原油、汽油、煤油、橡胶和工业制成品。

4.1.2 期货市场的功能

随着期货市场的日益发展与成熟，其开始在现代市场体系中扮演着越来越重要的角色，承担着重要的市场功能。期货市场的主要功能包括价格发现、风险规避与投资。

1) 价格发现功能。

期货市场的价格发现功能是指利用期货市场公开竞价的交易制度，在众多了解标的物信息的相关参与者的交易下，形成一个能够较好反映标的物供需情况的市场价格。具体来说就是期货市场可以对市场的未来走势做出预期反应，形成一个合理恰当的商品价格。一般来说，现货市场是期货市场运行与发展的前提条件和物质基础。但是，当期货市场发展到一定程度之后，期货市场往往能够领先于现货市场，并进一步引导现货市场的价格，为现货市场的平稳运行提供保障。随着期货交易的不断发展和期货市场的不断完善，其价格发现功能逐渐受到人们的重视，一百年来的期货发展史也证明了期货市场确实具有价格发现、平抑现货价格剧烈波动的内在机制。

成熟的期货市场之所以能发挥出价格发现功能，主要基于以下几点。

（1）价格的权威性。

期货市场的交易者主要包含标的物的生产者、消费者、中间商与期货投机者，他们通常对市场信息具有灵通的获得渠道或深入的研究，能对商品当前与未来的供需状况进行综合判断，进而使得期货市场的商品成交价格具有较强的权威性。

（2）价格的连续性。

现货市场中，生产者与需求者在信息交流上的不顺畅也会导致价格连续性的不足。而在期货市场上，由于其交易的电子化，人们可以随时根据信息的变化实时地调整从而形成新的市场价格；故而，相较于现货市场，期货市场形成的价格在时间上具有更好的连续性。

（3）价格的超前性。

如前文所述，在现货市场上，当生产者感觉到需求的变化时，往往会通过调节生产来应对。由于商品生产周期带来的滞后性，现货市场的价格不能很好地反映商品未来的供求关系。而对于期货市场来说，其交易的本来就是远期的商品合约。因此，期货市场的交易者需要利用自己掌握的市场信息对未来的市场价格进行判断。而期货市场的成交价格实际上也反映了市场对价格趋势的共同预期。因此，期货市场的价格具有超前性的特点。

2）风险规避功能。

在经济生活中，收益往往与风险相匹配。高收益往往也意味着较高的风险。每个企业经营者都希望能够在获取较高收益的同时承担尽可能小的风险。期货市场为生产者与消费者均提供了较好的风险规避场所。其风险规避功能主要表现在以下几方面。

（1）期货价格预示风险。

期货价格反映的是目前市场上对未来某时间点上标的资产现货价格的预期，或对该商品未来供给与需求状况的预期。因此，期货价格可以作为企业的价格信号，向企业提示未来的价格风险。通过此信息，企业可以更好地通过价格掌握市场的供需情况，合理地安排自身的经营活动，从而降低未来经营活动中可能遇到的风险。

（2）套期保值回避风险。

期货市场为商品的生产者、消费者和中间商规避现货市场的价格风险提供了有效的场所。套期保值的典型策略是：企业在预计未来某个时期将在现货市场进行一定数量现货买卖的前提下，在期货市场购入与现货市场商品相同、数量相等、方向相反的期货合约。也即是说，企业可以将未来的现货市场交易提前在期货市场实现，从而达到锁定价格、平稳企业利润的目的。因此，企业可以通过套期保值来回避价格波动的干扰，保证生产活动的平稳进行。

3）投资功能。

除价格发现与风险规避功能之外，期货市场也为投资者提供了投资机会。期货市场发展早期，其投资功能往往被忽略，甚至有人对期货市场的投机性持完全否定的态度。但在近年的期货市场实践中，人们逐渐对期货市场的投机性有了更为全面的认识。

事实上，投机者是期货市场的重要组成部分，也是期货市场必不可少的风险承担者。投机交易增强了市场的流动性，承担了套期保值交易转移的风险，是期货市场得以正常运营的保证。适度的投机性是期货市场质量的保障，有助于期货市场功能的发挥。投机者在价格处于较低水平时买进期货，使需求增加，导致价格上涨；在较高价格水平卖出期货，使需求减少。如此，价格波动趋于平稳，而期货市场的投资者也在承担套期保值者所转移的风险的同时，依据自己对市场的正确理解获得了风险收益。

4.2 国外主要原油期货

4.2.1 西德克萨斯轻质（WTI）原油期货

WTI原油期货是纽约商业交易所（The New York Mercantile Exchange, NYMEX）于1983年推出的原油期货交易合约。作为全球第一个原油期货交易合约，WTI原油期货的诞生饱受期待，在上市之初就受到了全球关注。

WTI原油期货的基本信息如表4-1所示。WTI原油期货的标的物是美国西德克萨斯轻质原油，产品代码CL，合约规模为1000桶，计价货币为美元。西德克萨斯轻质原油是北美地区较为通用的一类原油。该原油产于加拿大和墨西哥湾地区，受到全球特别是北美地区投资者的青睐。

表4-1 WTI原油期货基本信息

交易品种	美国西德克萨斯轻质原油
产品代码	CL
合约规模	1000桶
报价单位	美元/桶
最小价格波幅	0.01美元/桶
交割方式	实物交割

资料来源：芝加哥商业交易所官方网站。

从交割规则上来看，WTI原油期货合约的交割方式为实物交割，交割地点为美国中西部俄克拉荷马州的库欣镇，一般通过管道或储油设备进行交割，实物交割时间为最后交易日后的1个月内。

WTI原油期货在推出后发展迅速，国际参与者众多，交易量庞大，其在国际上的影响力不容小觑。NYMEX的交易方式包括场内和场外两类，但主要是场内交易，日交易成交量非常高。由于其市场参与者多、合约流动性强、数据公开性好、可信度高，产于美国或者是销售到美国的原油均以WTI原油期货为价格标杆。同时，WTI原油期货价格也是全球原油市场的基准价格之一。目前，WTI原油期货也是全球年成交量最大的原油期货。

4.2.2 布伦特（Brent）原油期货

布伦特原油期货由伦敦国际石油交易所（The International Petroleum Exchange，IPE）于 1988 年推出。2001 年，IPE 被洲际交易所（Intercontinental Exchange，ICE）收购。

布伦特原油期货的基本信息如表 4-2 所示。其期货合约的标的物是轻质低硫原油，交易代码为 B，合约规模为 1000 桶，计价货币为美元。布伦特原油期货交易的主要是出产于北海的布伦特和尼尼安油田的轻质低硫原油。

表 4-2 布伦特原油期货基本信息

交易品种	轻质低硫原油
交易代码	B
合约规模	1000 桶
报价单位	美元/桶
最小价格波幅	0.01 美元/桶
交割方式	期转现（EFP）或现金结算

资料来源：洲际交易所官方网站。

目前，布伦特原油期货的交割方式有期转现（EFP）和现金结算两种。期转现指的是将交割的期货头寸转变为远期头寸。而现金结算则需要交易者在停止交易后的一小时内向清算所提出现金结算的要求。现金结算的价格由交易所在最后一个交易日的次日进行公布。现金结算格价是以交割月前 21 天多个原油的贸易价格加权计算得出的。涉及的原油包括：Brent 原油、Forties 原油、Oseberg 原油与 Ekofisk 原油。

目前，布伦特原油期货合约的主要交易平台在 ICE，同样具备灵活性大、信息透明度高等特点。因此，每天都有众多国际投资者源源不断地加入其中，日常交易活动非常活跃。目前布伦特原油期货的成交规模仅次于 WTI 原油期货，也是全球性的原油基准价格之一。

4.2.3 迪拜商品交易所的阿曼（OQD）原油期货

阿曼原油期货是迪拜商品交易所（Dubai Mercantile Exchange，DME）于 2007 年推出的原油期货合约，其基本信息如表 4-3 所示。阿曼原油期货合约标的物为中质中硫原油，产品代码为 OQD，合约规模为 1000 桶，计价货币为美元。阿曼原油是中东出口到亚洲极具影响力的原油产品。

表4—3 阿曼原油期货基本信息

交易品种	中质中硫原油
产品代码	OQD
合约规模	1000桶
报价单位	美元/桶
最小价格波幅	0.01美元/桶
交割方式	实物交割或期转现

资料来源：迪拜商品交易所官方网站。

目前，阿曼原油期货主要采用实物交割方式，采用的交割油种为阿曼原油。同时，阿曼原油期货也允许以期转现的方式进行交割。交易者如需要以期转现的方式进行交割，需要在规定的时间内提出申请。

相较于其他原油期货市场，阿曼原油期货市场的实物交割率最大。同时，阿曼原油期货所交易的中质中硫原油是中东与亚洲较为普遍的原油。因而，阿曼原油期货的成交价格能更好地反映中东与亚洲的原油供需情况，阿曼原油期货价格也成为中东和亚太地区重要的原油基准价格。

4.2.4 其他市场的原油期货

在亚洲，许多国家都曾推出过原油期货，但结果都没有达到预期。新加坡国际金融交易所（SIMEX）将布伦特原油期货合约引入了亚洲原油期货市场，但是由于自身条件限制以及缺乏相关原油期货的经验，推行失败。新加坡交易所（SGX）后来总结了前者失败的教训，推出了迪拜酸性原油期货合约，但是仍然在国际市场上站不住脚，国际参与者投资热情不高，所以两年后也停止了交易。

日本也曾在原油期货市场上昙花一现。因为试图掌握亚洲原油市场的定价主导地位，所以日本的东京商品交易所（TOCOM）在谨慎考虑下，最后选择了中东原油期货合约。但此次推行仍然以失败告终。一方面，日本以适合本国国情的日元作为计价单位。此规定虽然为日本国内和亚洲其他地区的原油期货交易者提供了规避汇率风险的机会，但是日元在国际上受众面并不广，影响了国际交易者的积极性。另一方面，由于日本经济长期低迷，机构投资者偏少且受国际投机资金影响较大等原因，其市场的交易规模极其有限。

最终，基于国际市场扩张力不足，成交量低，石油期货商品交易份额占比较小等原因，新加坡与日本均未能在亚太地区形成石油定价机制。

4.3 中国原油期货市场发展历程与现状

4.3.1 中国原油期货发展原因

中国是仅次于美国的第二大石油消费国。图4-1为我国1965—2020年的原油年生产量和年消费量情况。从图中可以看出，1965—1973年之间，我国原油年生产量和年消费量的增长速度均较为缓慢，两者在规模上能基本实现供需平衡。1973年后，我国相继发现了几块储量丰富的油田，所以原油年生产量逐渐略高于年消费量。在此后的二十年里，我国原油年生产量和年消费量总体上来说相对稳定，能够实现原油的自给自足。而1993年以后，我国原油年消费量突飞猛涨，开始超过原油年生产量。其背后的原因主要包括：一方面，我国主要油田的原油储量逐渐贫瘠，开采难度不断增加；另一方面，改革开放后，我国经济快速发展，急需大量的能源来满足各个行业的现实需要。在国内原油生产和消费供需矛盾日益加深的背景下，我国对进口原油的依赖性也在逐年上升。

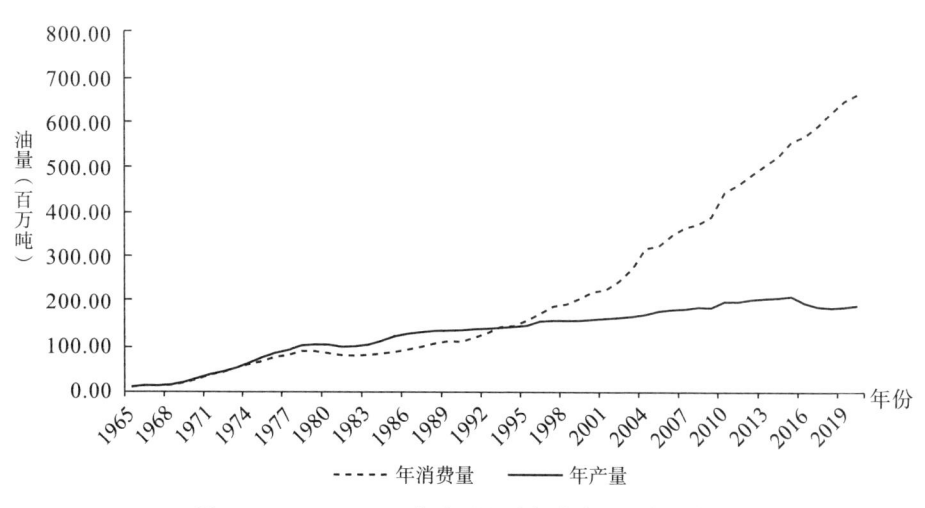

图4-1 1965—2020年中国原油年生产量和年消费量

数据来源：Wind数据库。

根据现有情况，推测我国对外依存度在未来很长一段时间内仍会增加。对进口原油存在过度依赖的情况，并不利于国家的长久发展。另外，相较于欧美国家，我国及许多亚洲其他国家在进口相同品质的原油时价格往往要高一些，形成了所谓的"亚洲升水"。"亚洲升水"产生的根本原因在于原油定价权的缺失。由于成熟期货市场的存在，欧美国家在国际油价中拥有较大的定价权。在采购原油时，其进口价格多以采购国的原油期货价格为准。亚太地区一直没有成熟的原油期货市场，缺乏权威的原油基准价格，因此，在采购原油时要以中东或其他国家的现货价格为参考，进而产生溢价。此外，亚太地区成熟原油期货市场的缺失也使得亚太地区的企业缺乏在原油贸易中规避原油价格风险的场所，从而置于较大的风险敞口中。

目前，中国进口的原油大部分为来自中东的中质含硫原油。随着中国在国际原油市场（尤其是中质含硫原油市场）中份额的不断增加，中国也通过消费能力对国际油价有了一定的议价权。在亚洲市场急需原油期货的背景下，中国有必要建立一个反映亚洲原油供求关系（尤其是中质含硫原油）的期货市场，以改变当前原油贸易中的被动局面。于是，发展一个有别于 WTI 与布伦特市场、反映亚洲供需的中质含硫原油期货便成为我国当前背景下的必然选择。

4.3.2 中国原油期货的发展历程

为了争夺原油定价权，中国一直致力于推出属于自己的、有国际影响力的原油期货。在此期间，不少交易所跃跃欲试。1992—1993 年，原南京石油交易所与上海石油交易所均推出了石油期货产品，其后，我国石油期货市场发展势如破竹，广州等地也开始成立商品交易所，形成了遍地开花的兴盛局面。这一时期，国内原油期货市场发展如火如荼，原上海石油交易所期货的日均交易量最高曾跃居全球第三位。但因为对石油期货发展认识不足，缺乏应对相关风险的经验，引发了一系列投机事件。此后，国家及时叫停了石油期货交易活动，并统一制定国内原油价格。中国首批原油期货交易也就告一段落。

21 世纪以来，伴随我国期货业的逐渐成熟与发展，能源类期货再一次走上历史舞台。2004 年 8 月，燃料油期货合约重新在上海期货交易所进行交易；2013 年 11 月 22 日，上海国际能源交易中心揭牌；2014 年 12 月 12 日，上海期货交易所获得中国证监会的批准在上海国际能源交易中心开展原油期货交易；2018 年 3 月 26 日，原油期货在上海期货交易所子公司上海国际能源交易中心正式挂牌上市。

中国原油期货的基本信息如表 4-4 所示。其期货合约标的物为中质含硫原油（包含中质中硫原油和中质高硫原油），产品代码为 SC，合约规模为

1000桶，计价货币为人民币。

表4-4 中国原油期货的基本信息

交易品种	中质含硫原油
产品代码	SC
合约规模	1000桶
报价单位	元（人民币）/桶
最小价格波幅	0.1元（人民币）/桶
交割方式	实物交割

目前，上海原油期货的交割方式是实物交割，同时，也提供期转现的选择。但期转现须是历史持仓且在最后两个交易日之前。上海原油期货选定中国东南沿海的指定保税油库作为交割地点。

中国原油期货上市后，在较短时间内就取得了亮眼的成绩。上市首月，上海原油期货交易量和持仓量便超过阿曼原油期货，成为仅次于WTI原油期货和布伦特原油期货的原油期货品种。2020年，上海原油期货全年累计成交4158.58万手。在面对世界性的卫生事件与地缘政治博弈所带来的国际市场油价大幅震荡时，上海原油期货市场走出了独立行情，同时也保持了较好的稳定性，成为反映中国和亚洲地区原油供需关系的一个重要基准。

4.3.3 INE原油期货的交割品种——胜利原油

INE原油期货交割的品种共有7个。胜利原油是INE原油期货中唯一的国内原油交割品种。

胜利油田是中国三大油田之一，选择胜利油田作为INE国内唯一的原油期货交割品种，具有重大而深远的意义。首先，对于胜利油田本身而言，被选为INE期货交割品种是对胜利原油的肯定，会促使其在市场上更好地发展。其次，对于石油行业而言，作为中质含硫原油的胜利原油入选INE拓展了原油期货交割品种，促进了石油行业的完善发展；对于中国而言，胜利原油入选INE将有望于效仿布伦特原油期货市场建立短线市场合约，使胜利原油逐渐成为国内原油价格的基准，并进一步将胜利原油现货发展为国际原油定价体系中的重要品种，进而对中国经济发挥更大的作用。

选择胜利原油作为INE国内唯一原油期货交割品种的原因有三个。第一个是油质。原油根据其含硫量可分为不同的类型，一般有超低硫、低硫、含硫

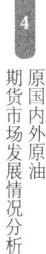

和高硫四种；而按相对密度则有轻质、中质与重质三类。我国上海期货交易所交易的原油期货基准品种是中质含硫原油。国内的三大油田中，仅有胜利原油是中质含硫原油，这也是胜利原油入选最主要的原因。此外，在我国的原油储量中，中质含硫原油占有极大的比例。同时，从原油生产与进口的角度来看，我国的中质含硫原油产量较大，成为我国及亚太地区进口的主要原油品种。第二，选择为中质含硫原油的胜利原油可以避免与WTI原油期货、布伦特原油期货产生直接、正面的竞争，从而获得良好的发展环境，进而争取更多的生存空间与市场份额。最后，胜利原油可以有效规避交割风险。INE原油期货主要是交易中东地区的原油而并非国内原油，因此，原油期货交割不能掌控。为了防止交割风险，INE原油期货把同为中质含硫原油的胜利原油加入可交割的品种。若中东地区出现无法交割原油的情况时，可以用胜利原油进行交割，如此一来就可确保INE原油期货的正常交割。

4.3.4 中国原油期货的几大特点

中国原油期货在计价货币、交易平台、交易机制与交割制度上均呈现出了一定的特点，具体如下。

第一个特点是人民币计价。人民币计价是我国原油期货非常重要的特点之一。人民币计价指的是将人民币作为我国原油期货的计价单位，即其价格单位为元/桶。同时允许投资者用美元等外币来支付期货保证金。一方面，以人民币为计价单位不仅兼顾了国内外投资者的需求，而且在一定程度上可以帮助交易者更快地完成交易手续，从而使成交速度得到提升；另一方面，也为国内投资者和石油相关企业进行风险规避与套期保值提供了更好的平台。

中国原油期货的不断成熟吸引了越来越多的国外参与者，有利于推动人民币的全球化进程和建立中国及亚太地区原油市场的定价基准。

第二个特点是国际性平台。作为中国首个国际化的期货品种，其推出主要是为了建立一个多层次、全球性的市场。在期货市场的建设与设计过程中，上海原油期货一直强调其交易国际化、交割国际化与结算环节国际化的特点，致力于吸引更多投资者的加入，尤其是国际石油巨头、中间商以及投资银行等相关金融机构。国际性平台也意味着中国原油期货将走向国际化的交易平台，在同WTI、布伦特、阿曼等原油期货的竞争与合作中不断发展和完善自身的运行机制。

第三个特点是净价交易。净价指的是不含关税与增值税的价格。净价交易可以避免国内税收政策及变化给价格带来的影响，方便与国际原油市场未含税的价格进行横向对比，满足投资者跨市场交易的需求。

第四个特点是保税交割。保税交割是指在期货实物交割的过程中，可以依托保税油库来完成。一般来说，报关是所有进口原油交割前必须做的一个步骤，手续较为繁琐。而采用保税交割后，原油商品可以在不办理报关手续的情况下，在保税油库进行交割，等交割完成后，再办理相关手续、缴纳税费等。

4.3.5　中国原油期货推出的意义

中国原油期货推出的意义主要有以下几点。

其一，弥补亚太地区石油价格体系的空白。虽然中国的原油进口量排在全球首位，经济发展也位居前列，但是在全球原油市场的定价权上长期处于劣势地位。中国原油期货的诞生不仅使我国在国际原油期货市场上有自己的一席之地，更能够有效填补亚太地区石油基准价格的空白。

其二，为国内油气行业提供价格风险管理工具。在石油价格出现异常波动时，中国原油期货能够减小价格风险带来的负面影响和巨大冲击，稳定企业的利润。在原油交易中，上海原油期货不仅交易的品类与国内企业的供需更为贴近，人民币计价的特点也可以帮助企业免于承担汇率的风险。

其三，推动我国石油行业体制改革，优化石油资源配置。中国现有成品油价格是在参照国外原油期货价格的基础上进行相应的调整，并不完全是国内油价的真实反映，而且时间上有延迟。原油期货上市后，国内原油市场将更加规范化，操作更加透明，石油价格更加公平公正。同时，原油及成品油价格的市场化也为油气行业其他改革措施的落地及实施创造了条件。

其四，有利于我国的能源战略安全保障。同时也促进了人民币国际货币地位的提升，加速了上海发展为国际金融中心的进程，减小了由于国际石油价格波动而引发的汇率风险。这些都有助于我国的经济安全，并最终促进综合国力的提升。

5 中国原油现货与原油期货价格的关系研究

5.1 期货市场的有效性

期货市场功能正常发挥的前提是期货市场所形成的价格能够反映市场上的全部信息。然而，这只是一种完美假设。就目前而言，现实市场尚不能达到这种高效的状态，因为市场还做不到对全部信息做出迅速充分的反应。那么，究竟市场要反馈哪些信息，才是有效的呢？

一般来说，期货市场中的信息可以分为三类：历史信息、公开信息与内幕信息。历史信息是指期货市场过去的价格信息、成交量以及持仓量等；公开信息是指由交易所或其他相关机构发布的有关期货市场的行业或市场的研究报告与数据；内幕信息则是没有公布过的只有内幕人知悉的信息。如果期货市场的价格仅能反映历史信息，则为弱式有效市场。

于是，根据期货市场价格对这三类信息的反映程度，可以将期货市场分为弱式有效、半强式有效、强式有效市场。当期货市场的交易价格不仅能反映历史信息，还能反映公开信息时，就称为半强式有效市场。这也意味着，关于市场供需的一些基本面信息已在价格中进行了体现。而当期货市场的交易价格不仅能反映历史信息与公开信息，甚至能反映全部内幕信息时，就意味着市场达到了强式有效。强式有效意味着市场价格反映了全部信息，能够全部反映出期货市场标的物的价值。这也意味着，市场不存在被操纵的情况。期货市场是否有效可以通过期货市场价格与现货市场价格之间的一致程度来进行验证。

5.2 期现货市场价格间互动关系的检验模型

5.2.1 ADF 检验

平稳性是指时间序列的均值、方差与协方差具有时间不变性，即如果一个随机过程的均值和方差在时间上都是常数，并且任何两时期之间的协方差值仅依赖于两时期的距离或滞后，而不依赖于计算这个时间的实际时间，就称此时间序列为平稳的。对于平稳时间序列而言，任何震荡的影响都是暂时的。随着时间的推移，这些影响将逐渐消失，也即时间序列将回复到长期平均水平。若一个非平稳时间序列经过 d 次差分后变为平稳时间序列，则称这个时间序列是 d 阶单整的，记作 $I(d)$。显然，平稳时间序列是零阶单整的，应记作 $I(0)$。在经济生活中，大部分的时间序列都是非平稳的，这就涉及平稳性的检验。本书采用的是 ADF 检验法。

对于时间序列 x_t，

$$x_t = \rho x_{t-1} + u_t$$

其中，u_t 服从 $N(0,\sigma)$ 正态分布假设。如果 x_{t-1} 的系数 ρ 显著为 1，就表明该过程为单位根过程，x_t 是非平稳时间序列。但由于通常的 t 检验统计值并不适用于此种情况下的显著性检验，因此 Dickey 和 Fuller 于 1976 年在蒙特卡罗模拟的基础上算出了一个 DF 统计量的临界值表。如果 t 统计量的绝对值大于 DF 检验临界值的绝对值，则拒绝 $\rho=1$ 的假设，表明 x_t 是平稳的。

以上讨论都隐含着估计残差独立且同方差，否则 DF 检验法将失效。因此，Dickey 和 Fuller（1979）提出扩展的 DF 检验法，即 ADF 检验法。在上述方程的右边加入足够的滞后项使残差白化，ADF 的回归式为

$$\Delta x_t = (\rho-1)x_{t-1} + \sum_{i=1}^{p}\theta_i \Delta x_{t-i} + u_t$$

将上式写得更一般些，即加入常数项与趋势项，如：

$$\Delta x_t = \alpha + (\rho-1)x_{t-1} + \sum_{i=1}^{p}\theta_i \Delta x_{t-i} + u_t$$

即为有截距、无趋势的模型。
如：

$$\Delta x_t = \alpha + \beta t + (\rho-1)x_{t-1} + \sum_{i=1}^{p}\theta_i \Delta x_{t-i} + u_t$$

即为有截距、有趋势的模型。

模型中的 p 代表滞后项的数目，目前普遍使用的选择标准是 Akaike（1974）信息标准（AIC），当 AIC 取值最小时，其 p 值就是最佳值。

在实际检验中，选择哪一个模型来检验平稳性问题主要依据所观察到的被检验变量的图形来决定。如果时间序列图形在均值附近来回波动，就选取无截距、无趋势的模型；如果时间序列图形有一定的漂移，就选取有截距、无趋势的模型；而如果时间序列图形不仅有漂移，且有很强的上升或下降趋势，则选取有截距、有趋势的模型来对其进行平稳性检验。

最终的平稳性检验是依托于计算出的检验统计量的绝对值，若该绝对值大于临界值，则表示该序列是平稳的；反之，则说明序列是非平稳的。

5.2.2 协整检验

Engle 和 Granger 指出，协整关系是指属于同阶非零单整的两个或两个以上时间序列，尽管是非平稳序列，如果它们的某个线性组合可能构成零阶单整序列，则认为这两个变量序列之间存在协整关系。从协整的定义中可以看出其经济意义为两个变量虽然具有各自的长期波动规律，但是如果它们是协整的，那么它们之间就存在一个长期稳定的比例关系。传统的计量经济学模型是从已认知的经济理论出发选取变量，回归残差往往是非平稳的，容易出现伪回归的现象，因此有必要对变量进行检验。协整检验的方法主要有 Johansen 检验与 E-G 两步法，考虑到后继误差修正方程等模型的需求，本书采用 E-G 两步法检验。该检验方法的基本思想是先构建两个变量之间的回归模型，再根据其回归方程的残差平稳性来检验其是否存在协整关系的方法。

E-G 两步法的具体步骤：

若时间序列 y_t 与 x_t 为同阶单整序列，则在检验其协整关系时需先建立两个时间序列之间的线性回归方程，如下：

$$y_t = c(1) + c(2)x_t + E_t$$

用最小二乘法估算出该模型后，可得其残差序列如下：

$$E_t = y_t - c(1) - c(2)x_t$$

其次，对残差序列 E_t 进行平稳性的检验，即前述的 ADF 检验。其检验的方程类型与滞后项的选择与上一小节的方法相同。

若其残差序列 E_t 平稳，则说明时间序列 y_t 与 x_t 之间存在协整关系，反之则不存在协整关系。

5.2.3 Granger 因果关系检验

确定变量间的因果关系，是经济学中经常遇到的问题。按常理，未来不能预测过去，如果一个变量（x）的变化是引起另一变量（y）变化的原因，那么 x 的变化必将先于 y 的变化。基于此，利用分布滞后的概念、C. W. J. Granger 提出了一种称为 Granger 因果性（Granger causality）的因果性定义：

如果利用过去的 x 与 y 对 y 进行预测比单用 y 的过去值来预测，所产生的预测误差要小，则称 x 是 y 的 Granger 原因，记为 $x \rightarrow y$。就这种因果关系的存在性，Granger 提出了以其名字命名的检验方法。该检验的原假设为：x 是 y 的非 Granger 原因。对于该假设，考虑以下回归方程：

$$y_t = a_0 + \sum_{i=1}^{m} \alpha_i y_{t-i} + \sum_{j=1}^{m} \beta_j x_{t-j} + \varepsilon_{1t}$$

$$y_t = a_0 + \sum_{i=1}^{m} \alpha_i y_{t-i} + \varepsilon_{2t}$$

然后，用 F 检验来判断 x 是否显著增强了第一个回归的解释能力，即检验 $\beta_1, \cdots, \beta_m$ 是否显著不为零。

$$F = \frac{(RSS^* - RSS)/r}{RSS/(n-k-1)} \sim F(r, n-k-1)$$

其中，RSS^* 是第一个回归方程的残差平方和，RSS 是第二个回归方程的残差平方和，n 是样本容量，k 是无限制回归变量的个数，r 是限制中的参数个数。当计算出来的 F 统计值大于该自由度下的临界值，则拒绝原假设，接受备择假设，表明这些系数 $\beta_1, \beta_2, \cdots, \beta_m$ 并不是联合等于零，即表明存在从变量 x 到另一变量 y 的 Granger 因果关系。

同样，对于 $y \rightarrow x$，则是考虑如下一组回归方程：

$$x_t = b_0 + \sum_{i=1}^{m} \gamma_i x_{t-i} + \sum_{j=1}^{m} \theta_j y_{t-j} + \eta_{1t}$$

$$x_t = b_0 + \sum_{i=1}^{m} \gamma_i x_{t-i} + \eta_{2t}$$

同理，计算如上 F 统计值，当其值大于检验临界值，则拒绝原假设，接受备择假设，表明这些系数 $\theta_1, \theta_2, \cdots, \theta_m$ 并不是联合等于零，即 y 是 x 的 Granger 原因。

当仅存在 $x \rightarrow y$ 或 $y \rightarrow x$ 时，则称为从 x 到 y 或 y 到 x 的单向因果关系；若 $x \rightarrow y$ 和 $y \rightarrow x$ 均成立，则称 x 和 y 存在双向的因果关系，或称反馈或互动

关系。若 $x \rightarrow y$ 和 $y \rightarrow x$ 均不成立，则两者在统计意义上是独立的。

5.2.4 G-S理论简介

价格时间序列存在协整关系的两个市场，谁具有更强的定价权？在价格决定中，是由某个市场单独完成的还是由两个市场共同完成的？是我们需要进一步关心的问题。目前，大多文献都是采用 Garbade-Silber 模型去分析两市价格在信息传递和价格决定中谁起主导作用。该模型可用矩阵表示为：

$$\begin{bmatrix} y_t \\ x_t \end{bmatrix} = \begin{bmatrix} \alpha_1 \\ \alpha_2 \end{bmatrix} + \begin{bmatrix} 1-\beta_1 & \beta_1 \\ \beta_2 & 1-\beta_2 \end{bmatrix} \begin{bmatrix} y_{t-1} \\ x_{t-1} \end{bmatrix} + \begin{bmatrix} \varepsilon_{1t} \\ \varepsilon_{2t} \end{bmatrix}$$

其中，y_t、x_t 分别表示 t 时刻市场1和市场2的价格，α_1、α_2、β_1 和 β_2 为常数。其中，β_1 反映了市场2滞后一期的价格对市场1当期价格的影响，而 β_2 则反映了市场1滞后一期的价格对市场2当期价格的影响，一般认为 β_1、β_2 非负数；而 α_1、α_2 则反映了价格序列的变动趋势。

可以用以下公式来刻画两市在价格决定中发挥作用的程度：

$$\theta = \frac{\beta_1}{\beta_1 + \beta_2}$$

如果 $\theta > 0.5$，则说明在价格决定中，市场2的作用大于市场1的作用；

如果 $\theta = 0.5$，则说明在价格决定中，市场1的作用与市场2的作用相当；

如果 $\theta < 0.5$，则说明在价格决定中，市场1的作用大于市场2的作用；

如果 $\theta = 1$（即 $\beta_2 = 0$），则市场1价格完全跟随市场2价格，价格完全由市场2决定；

如果 $\theta = 0$（即 $\beta_1 = 0$），则市场2价格完全跟随市场1价格，价格完全由市场1决定。

5.3 中国原油现货价格与原油期货价格关系的实证研究

5.3.1 数据选取与处理

目前，我国原油现货的代表价格有大庆原油现货价格与胜利原油现货价格，其中大庆原油是轻质低硫原油，胜利原油是中质含硫原油。考虑到中国原油的主要生产、消费与进口均以中质含硫原油为主，故本书选取胜利原油现货价格作为我国原油现货价格的代表。在期货价格选取方面，由于每一个期货合约都有到期时间，为获得连续价格序列，本书以每日成交量最大的期货合约的结算价为代表以期获得连续数据。本书期现货价格时间序列均来源于万德数据库，其中胜利原油现货与 WTI 原油期货、布伦特原油期货的推出时间较长，为更好地分析近年来的价格波动规律，本书选取的样本区间为 2002 年 1 月 2 日至 2021 年 7 月 20 日。而上海原油期货由于推出时间较短，故选取的样本区间为上市交易的 2018 年 3 月 26 日至 2021 年 7 月 20 日。另外，由于上海原油期货以人民币计价，为保持与其他价格序列的单位一致性，本书以即期美元汇率对其价格序列进行了货币单位转换以消除汇率变化带来的影响。为消除时间序列中的异方差，本书对所有时间序列均进行了对数化处理。将以上处理后的胜利原油现货对数化价格时间序列记为 S、上海原油期货对数化价格序列记为 FI、WTI 原油期货对数化价格序列记为 FW、布伦特原油期货对数化价格序列记为 FB。

5.3.2　上海原油期货市场的价格发现功能实证分析

上海原油期货价格推出的主要目的包括形成可反映包括我国在内的亚太地区原油供需价格的基准价格。因此，上海原油期货价格是否反映了我国原油的供需情况并较好地实现期货市场的价格发现功能就显得十分重要，影响着我国原油相关企业利用上海原油期货进行套期保值的情况。为检验上海原油期货价格与国内原油现货价格的关系，本节利用 2018 年 3 月 26 日至 2021 年 7 月 20 日的时间序列数据，对其进行了实证分析。

1) 数据平稳性检验。

对上海原油期货价格与胜利原油现货价格作时间序列图，如图 5-1 所示：

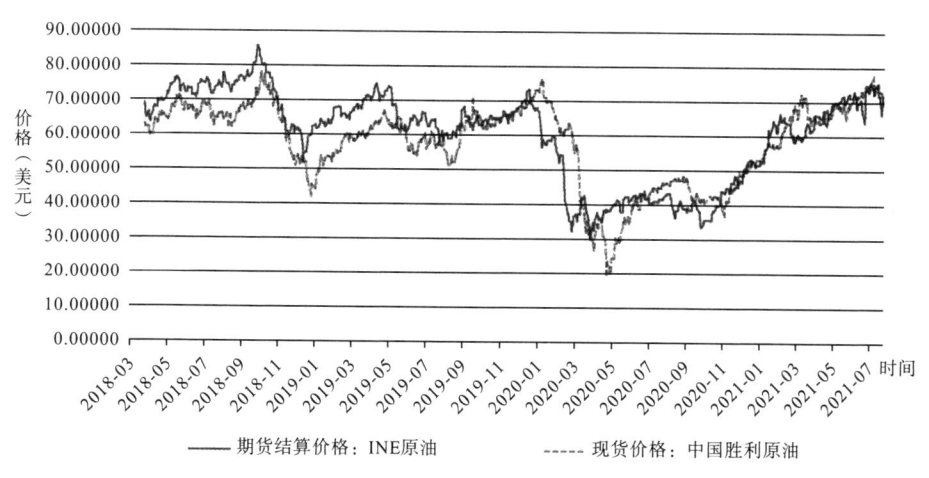

图 5-1　上海原油期货价格（美元）与胜利原油现货价格时间序列

从图 5-1 可以看出，上海原油期货与胜利原油现货价格时间序列走势存在较为明显的一致性，但也存在一定的偏离。两个价格时间序列的波动都较为剧烈。为进一步落实其数据的平稳性，利用 Eviews 软件对其对数化价格序列做 ADF 检验，得结果如表 5-1 所示：

表 5-1 胜利原油现货与上海原油期货对数化价格序列的平稳性检验

	ADF 检验统计量	P 值
S	−1.627979	0.7813
FI	−1.419184	0.8549

从表 5-1 可知，胜利原油现货与上海原油期货对数化价格序列的 ADF 检验统计量分别是 −1.627979 和 −1.419184，分别仅能过 0.7813 与 0.8549 的显著性检验，即两个价格序列是非平稳的。进一步对其一阶差分序列做 ADF 检验，结果如表 5-2 所示：

表 5-2 胜利原油现货与上海原油期货对数化价格一阶差分序列的平稳性检验

	ADF 检验统计量	P 值
S	−27.41571	0
FI	−22.45806	0

由表 5-2 可知，胜利原油现货与上海原油期货对数化价格的一阶差分序列的 ADF 检验统计量分别是 −27.41571 和 −22.45806，满足平稳性检验条件，即两个序列都是一阶单整的，满足协整检验条件。

2）协整关系检验。

利用 E-G 两步法对胜利原油现货与上海原油期货对数化价格序列进行协整检验，得出两者间的回归方程如下：

$$S_t = 0.457294 + 0.87991 FI_t$$

记其残差序列为 EI_t，其计算公式如下：

$$EI_t = S_t - 0.457294 - 0.87791 FI_t$$

对所得出的残差序列做 ADF 检验，结果如表 5-3 所示：

表 5-3 残差序列 EI_t 的平稳性检验

	ADF 检验统计量	P 值
EI	−3.513146	0.0386

据表 5-3 可知，残差序列 EI_t 的检验值能通过的显著性水平低于 5%，表示其为平稳序列。由此可知，上海原油期货与胜利原油现货对数化价格序列之间存在长期稳定的协整关系。

3）Granger 因果关系检验。

对大宗商品的期货市场来说，若其市场参与者众多且汇集了足够的供需信息，能充分反映市场对商品价格的预期，则该商品的期货价格应具有一定的领先性，从而发挥出期货市场的价格发现功能。为验证上海原油市场的价格发现功能，对期现货价格序列做 Granger 因果关系检验，结果如表 5-4 所示：

表 5-4 胜利原油现货与上海原油期货价格的因果关系检验

原假设	F 统计值	P 值
FI 不是 S 的 Granger 原因	3.89443	0.0017
S 不是 FI 的 Granger 原因	7.64065	0.0000005

从表 5-4 可以看出，原假设"上海原油期货不是胜利原油现货的 Granger 原因"与"胜利原油现货不是上海原油期货的 Granger 原因"所对应的 F 统计值均显示拒绝原假设，即两者之间存在双向的引导关系，上海原油期货市场较好地反映了我国原油市场的情况，发挥了原油期货市场的价格发现功能。

4）G-S 检验。

应用 G-S 检验进一步分析两者双向引导关系的强弱，得实证结果如表 5-5 所示：

表 5-5 胜利原油现货与上海原油期货的 G-S 检验结果

	β_{SFI}	β_{FIS}	θ
估计值	0.942999	0.210315	0.817642897

从参数大小来看，$\theta=0.817642897$，这表明价格发现功能仅有 18.2% 是由现货市场来完成的，而期货市场完成的价格发现功能约占 81.8%，期货市场在价格发现功能方面占有绝对优势。这一实证结果显示我国上海期货交易所的原油期货市场具有价格发现功能，通过期货市场的价格可以预测未来的现货价格，期货价格有助于现货市场的交易定价，能有效地为投资者分散和规避风险。

5.3.3 中国原油现货与布伦特原油期货之间的价格关系研究

作为全球非常重要与成熟的原油期货市场之一，布伦特原油期货市场在全球原油现货价格的发现中有着举足轻重的作用,也是全球企业套期保值的主要选择。为检验我国原油现货价格与布伦特原油期货价格之间的相互影响关系,本节利用 2002 年 1 月 2 日至 2021 年 7 月 20 日的时间序列数据,对其进行了实证分析。

1) 数据平稳性检验。

对布伦特原油期货与胜利原油现货价格作时间序列图,如图 5-2 所示:

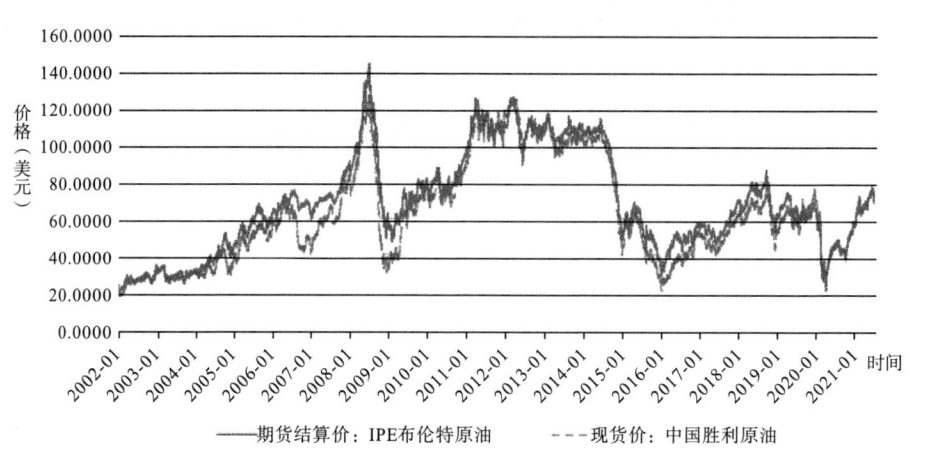

图 5-2 布伦特原油期货与胜利原油现货价格时间序列

从图 5-2 可以看出,布伦特原油期货与胜利原油现货价格时间序列走势存在较为明显的一致性。观察两个价格时间序列的波动情况可知,波动均较为剧烈,且并不平稳。为进一步落实其数据的平稳性,利用 Eviews 软件对其对数化价格序列做 ADF 检验,结果如表 5-6 所示:

表 5-6 胜利原油现货与布伦特原油期货对数化价格序列的平稳性检验

	ADF 检验统计量	P 值
S	-2.435631	0.3608
FB	-2.332888	0.4153

从表 5-6 可知,胜利原油现货与布伦特原油期货对数化价格序列的 ADF 检验统计量分别是-2.435631 和-2.332888,分别仅能过 0.3608 与 0.4153 的显著性检验,即两个价格序列是非平稳的。进一步对其一阶差分序列进行 ADF 检验,结果如表 5-7 所示:

表 5-7　胜利原油现货与布伦特原油期货对数化价格一阶差分序列的平稳性检验

	ADF 检验统计量	P 值
S	-71.44436	0
FB	-71.99407	0

由表 5-7 可知，胜利原油现货与布伦特原油期货对数化价格的一阶差分序列的 ADF 检验统计量分别是 -71.44436 和 -71.99407，满足平稳性检验条件，即两个序列都是一阶单整的，满足协整检验条件。

2）协整关系检验。

利用 Eviews 软件，得出两者间的回归方程如下：

$$S_t = -0.247078 + 1.034205 FB_t$$

记其残差序列为 EB_t，其计算公式如下：

$$EB_t = S_t + 0.247078 - 1.034205 FB_t$$

该残差序列的 ADF 检验结果如表 5-8 所示：

表 5-8　残差序列 EB_t 的平稳性检验

	ADF 检验统计量	P 值
EB_t	-3.756016	0.0034

由表 5-8 可知，残差序列 EB_t 的检验值能通过的显著性水平低于 1%，即为平稳序列。由此可知，布伦特原油期货与胜利原油现货对数化价格序列之间存在长期稳定的协整关系。

3）Granger 因果关系检验。

为验证布伦特原油期货市场与胜利原油现货市场的双向引导关系，对两个期现货价格序列做 Granger 因果关系检验，结果如表 5-9 所示：

表 5-9　胜利原油现货与布伦特原油期货价格的因果关系检验

原假设	F 统计值	P 值
S 不是 FB 的 Granger 原因	1.21944	0.2971
FB 不是 S 的 Granger 原因	830.891	0

从表 5-9 可以看出，原假设"胜利原油现货不是布伦特原油期货的 Granger 原因"所对应的 F 统计值显示接受假设；而"布伦特原油期货不是胜利原油现货的 Granger 原因"所对应的 F 统计值则显示拒绝原假设。

结合协整检验的结果，布伦特原油期货与胜利原油现货价格走势确实存在较强的一致性。但具体来讲，布伦特原油期货对胜利原油现货价格存在单向的引导关系，胜利原油现货对布伦特原油期货的反向引导关系并不显著，可考虑使用布伦特原油期货作为胜利原油现货的风险规避工具。

5.3.4 中国原油现货与 WTI 原油期货之间的价格关系研究

WTI 原油期货是全球最为成熟、流动性较好的原油期货，其价格也是全球原油价格的基准价格之一。因此，WTI 原油期货也成为全球原油价格风险规避常用的期货品种。为检验我国原油现货价格与 WTI 原油期货价格之间的相互影响关系。本节利用 2002 年 1 月 2 日至 2021 年 7 月 20 日的时间序列数据，对其进行了实证分析。

1) 数据平稳性检验。

对 WTI 原油期货与胜利原油现货价格作时间序列图，如图 5-3 所示：

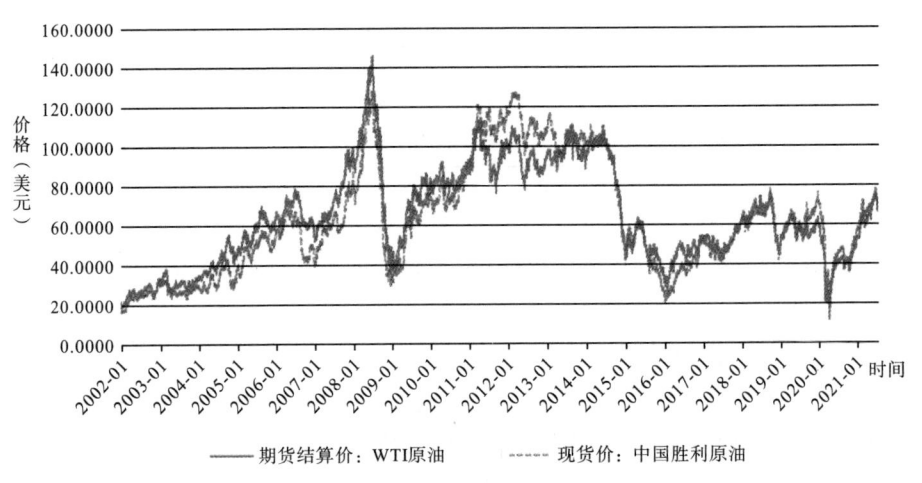

图 5-3 WTI 原油期货与胜利原油现货价格时间序列

从图 5-3 中可以看出，纽约 WTI 原油期货与胜利原油现货价格时间序列走势一致性较高，近年的一致性更为显著。两个价格时间序列的波动都较为剧烈，且并不平稳。对于胜利原油现货价格，我们已进行了平稳性检验。这里，仅对纽约 WTI 原油期货做 ADF 检验，结果如表 5-10 所示：

表 5-10　纽约 WTI 原油期货对数化价格序列的平稳性检验

	ADF 检验统计量	P 值
FW	-2.616103	0.273

从表 5-10 可知，纽约 WTI 原油期货对数化价格序列的 ADF 检验统计量为-2.616103，仅能过 0.273 的显著性检验，即该价格序列是非平稳的。进一步对其对数化价格序列的一阶差分序列进行 ADF 检验，得到检验值如表 5-11 所示：

表 5-11　纽约 WTI 原油期货对数化价格一阶差分序列的平稳性检验

	ADF 检验统计量	P 值
FW	-39.83309	0

由表 5-11 可知，纽约 WTI 原油期货对数化价格的一阶差分序列的 ADF 检验统计量为-39.83309，满足平稳性检验条件，该价格序列与胜利原油现货价格序列一样都是一阶单整的，满足协整检验条件。

2）协整关系检验。

利用 Eviews 软件，得出两者间的回归方程如下：

$$S_t = -0.452458 + 1.095642 FW_t$$

记其残差序列为 EW_t，其计算公式如下：

$$EW_t = S_t + 0.452458 - 1.095642 FW_t$$

该残差序列的 ADF 检验结果如表 5-12 所示：

表 5-12　残差序列 EW_t 的平稳性检验

	ADF 检验统计量	P 值
EW_t	-3.482473	0.0085

由表 5-12 可知，残差序列 EW_t 的检验值能通过的显著性水平低于 1%，即表示其为平稳序列。由此可知，纽约 WTI 原油期货与胜利原油现货对数化价格序列之间存在长期稳定的协整关系。

3）Granger 因果关系检验。

为验证纽约 WTI 原油期货市场与胜利原油现货市场的双向引导关系，对两个期现货价格序列做 Granger 因果关系检验，结果如表 5-13 所示：

表 5－13　胜利原油现货与纽约 WTI 原油期货价格的因果关系研究

原假设	F 统计值	P 值
FW 不是 S 的 Granger 成因	341.094	0
S 不是 FW 的 Granger 成因	11.5272	0.00000000004

从表 5－13 可以看出，原假设"纽约 WTI 原油期货不是胜利原油现货的 Granger 原因"与"胜利原油现货不是纽约 WTI 原油期货的 Granger 原因"所对应的 F 统计值均显示拒绝原假设，即两者之间存在着双向的引导关系。

4）G－S 检验。

两者之间双向引导关系的 G－S 检验结果如下：

表 5－14　胜利原油现货与纽约 WTI 原油期货双向引导关系的 G－S 检验结果

	β_{SFW}	β_{FWS}	θ
估计值	0.660882	0.704718	0.483949912

从参数大小来看，$\theta=0.483949912$，接近 50%。这说明，胜利原油现货与纽约 WTI 原油期货两者的双向引导关系较为均衡，纽约 WTI 原油期货可以作为我国原油相关企业分散和规避风险的工具。

5.4　国内外原油期货市场之间的引导关系研究

作为国际重要战略性资源，原油的价格受到全球范围内供需等因素的影响，具有较强的国际性。伴随期货市场的发展，全球原油贸易已形成了以期货市场发现的价格为标准的定价方式。发展原油期货市场也成为国家之间争夺原油定价权的重要手段。成熟度较低、定价权不足的期货市场的商品期货价格往往很难走出自己的独立行情，而是跟随成熟期货市场的价格变动，成为成熟期货市场的影子市场。

另外，由于期货合约标的物、规则制度、成熟度等因素的不同，不同原油期货市场的价格也存在一定的差异，但若其长期走势一致性较高，可为期货市场的投资者提供套利的交易机会。

本节将对上海原油期货、纽约 WTI 原油期货以及伦敦布伦特原油期货价格波动之间的关系进行检验，以了解我国及国际主要原油期货市场的定价权强弱并验证跨市套利的可行性。

5.4.1 上海原油期货与布伦特原油期货间的双向引导关系研究

在本章第二节的分析中，我们已经得出了上海原油期货与伦敦布伦特原油期货价格均为一阶单整序列的结论。因此，在本小节中仅需验证其价格序列间的协整与双向引导关系。

1) 协整检验。

利用 E-G 两步法对上海原油期货与伦敦布伦特原油期货对数化价格序列进行协整检验，得出两者间的回归方程如下：

$$FI_t = 0.495446 + 0.877684\, FB_t$$

记其残差序列为 EIB_t，其计算公式如下：

$$EIB_t = FI_t - 0.495446 - 0.877684\, FB_t$$

该残差序列的 ADF 检验结果如表 5-15 所示：

表 5-15 残差序列 EIB_t 的平稳性检验

	ADF 检验统计值	P 值
EIB_t	-2.608981	0.0089

据表 5-15 所示，残差序列 EIB_t 的检验值能通过的检验值的显著性水平低于 1%，即为平稳序列。由此可知，上海原油期货与伦敦布伦特原油期货对数化价格时间序列之间存在长期稳定的协整关系。

2) Granger 因果关系检验。

上海原油期货市场与伦敦布伦特原油期货市场的 Granger 因果关系检验结果如表 5-16 所示：

表 5-16 上海原油期货与伦敦布伦特原油期货价格的因果关系研究

原假设	F 统计值	P 值
FB 不是 FI 的 Granger 原因	107.063	0.0
FI 不是 FB 的 Granger 原因	6.5995	0.0002

从表 5-16 可以看出，原假设"伦敦布伦特原油期货不是上海原油期货的 Granger 原因"所对应的 F 统计值显示拒绝原假设，而"上海原油期货不是伦敦布伦特原油期货的 Granger 原因"也能在 1% 的显著性水平上拒绝原假设，两者之间存在双向的引导关系。

3) G-S检验。

两者之间的 G-S 检验结果如表 5-17 所示。

表 5-17　上海原油期货与伦敦布伦特原油期货价格的 G-S 检验

	β_{FBI}	β_{FIB}	θ
估计值	0.734166	0.561697	0.566546001

其中，β_{FBI} 表示伦敦布伦特原油期货市场的滞后一期价格对上海原油期货市场当期价格的影响，而 β_{FIB} 则反映了上海原油期货市场滞后一期的价格对伦敦布伦特原油期货市场当期价格的影响，从参数大小来看，$\theta=0.566546001$，表明尽管上海原油期货与伦敦布伦特原油期货价格相互影响、相互引导，但伦敦布伦特原油期货价格的影响力要大于上海原油期货的影响力。

5.4.2　上海原油期货与 WTI 原油期货间的双向引导关系研究

由于上海原油期货价格与 WTI 原油期货价格均为一阶单整序列，进一步验证其协整与双向引导关系如下。

1) 协整检验。

利用 E-G 两步法对上海原油期货与 WTI 原油期货对数化价格序列进行协整检验，得出两者间的回归方程如下：

$$FI_t = 1.014632 + 0.7681986 FW_t$$

记其残差序列为 EIW_t，其计算公式如下：

$$EIW_t = FI_t - 1.014632 - 0.7681986 FW_t$$

该残差序列 EIW_t 的 ADF 检验结果如表 5-18 所示：

表 5-18　残差序列 EIW_t 的平稳性检验

	ADF 检验统计值	P 值
EIW_t	-2.121083	0.0327

据表 5-18 可知，残差序列 EIW_t 的检验值能通过的显著性水平低于 5%，即为平稳序列。由此可知，上海原油期货与 WTI 原油期货对数化价格时间序列之间存在长期稳定的协整关系。

2) Granger 因果关系检验。

两个期货价格序列的 Granger 因果关系检验结果如表 5-19 所示：

表 5-19　上海原油期货与 WTI 原油期货价格的因果关系研究

原假设	F 统计值	P 值
FW 不是 FI 的 Granger 原因	160.817	0.0
FI 不是 FW 的 Granger 原因	5.92874	0.0028

从表 5-19 可以看出，原假设"WTI 原油期货不是上海原油期货的 Granger 原因"与"上海原油期货不是 WTI 原油期货的 Granger 原因"所对应的 F 统计值均在 1% 的显著性水平下拒绝原假设，即两者之间存在着双向的引导关系。

3）G-S 检验。

利用相关数据得上海原油期货与 WTI 原油期货价格的 G-S 检验结果如表 5-20 所示：

表 5-20　上海原油期货与 WTI 原油期货价格的 G-S 检验结果

	β_{FWI}	β_{FIW}	θ
估计值	0.902824	0.373537	0.707342202

其中，β_{FWI} 表示 WTI 原油期货市场的滞后一期价格对上海原油期货市场当期价格的影响，而 β_{FIW} 则反映了上海原油期货市场滞后一期的价格对 WTI 原油期货市场当期价格的影响，从参数大小来看，$\theta=0.707342202$，表明尽管上海原油期货与 WTI 原油期货价格相互影响、相互引导，但 WTI 原油期货价格的影响力要大于上海原油期货的影响力。

5.4.3　布伦特原油期货与 WTI 原油期货间的双向引导关系研究

布伦特原油期货价格与 WTI 原油期货价格是世界原油的主要基准价格，这两类期货也是国际原油市场重要的交易品种，为验证两者定价权的强弱并分析其套利可能，本小节对其价格序列作协整与双向引导关系分析如下：

1）协整检验。

可利用 E-G 两步法对布伦特原油期货与 WTI 原油期货对数化价格序列进行协整检验，得出两者间的回归方程如下：

$$FB_t = -0.17478 + 1.053582 FW_t$$

记其残差序列为 EBW_t，其计算公式如下：

$$EBW_t = FB_t + 0.17478 - 1.053582 FW_t$$

残差序列 EBW_t 的 ADF 检验结果如表 5-21 所示：

表 5-21 残差序列 EBW 的平稳性检验

	ADF 检验统计值	P 值
EBW_t	-3.901841	0.0001

据表 5-21 所示，残差序列 EBW 的检验值能通过的显著性水平低于 1%，即为平稳序列。由此可知，伦敦布伦特原油期货与纽约 WTI 原油期货对数化价格时间序列之间存在长期稳定的协整关系。

2）Granger 因果关系检验。

进一步对两个期货价格序列做 Granger 因果关系检验，结果如表 5-22 所示：

表 5-22 布伦特原油期货与 WTI 原油期货价格的因果关系研究

原假设	F 统计值	P 值
FW does not Granger Cause FB	4.90856	0.0021
FB does not Granger Cause FW	34.4723	0.0

从表 5-22 可以看出，原假设"WTI 原油期货不是布伦特原油期货的 Granger 原因"与"布伦特原油期货不是 WTI 原油期货的 Granger 原因"所对应的 F 统计值均显示拒绝原假设，即两者之间存在双向引导关系。

3）G-S 检验。

为进一步检验两者之间双向引导关系的强弱，需对其进行 G-S 检验。利用相关数据得实证结果如表 5-23 所示：

表 5-23 布伦特原油期货与 WTI 原油期货价格的 G-S 检验结果

	β_{FWB}	β_{FBW}	θ
估计值	0.884083	0.570959	0.607599643

其中，β_{FWB} 表示纽约 WTI 原油期货市场滞后一期价格对伦敦布伦特原油期货市场当期价格的影响，而 β_{FBW} 则反映了伦敦布伦特原油期货市场滞后一期的价格对纽约 WTI 原油期货市场当期价格的影响，从参数大小来看，$\theta = 0.607599643$，表明纽约 WTI 原油期货价格的影响力要大于伦敦布伦特原油期货价格的影响力。在全球原油定价上，纽约 WTI 原油期货拥有更多的话语权。

通过本小节对上海原油期货、纽约 WTI 原油期货以及伦敦布伦特原油期货三者之间的价格引导关系的研究，可以得出以下结论：三种原油期货之间均存在双向的引导关系；就影响程度而言，WTI原油期货对另外两个期货的影响较大，而我国上海原油期货由于上市时间较短，故在原油定价上的话语权相对较弱。另外，三者之间的协整关系也为原油期货的跨市套利提供了条件。

6 中国企业规避原油价格风险的基础套期保值策略研究

近年来，国际原油价格的起伏使我国相关企业的稳定发展面临一定程度上的风险。在国内，相关企业开展套期保值交易的期货合约主要为上海期货交易所早期推出的燃料油期货合约以及2018年推出的原油期货合约。然而，随着相关部门对期货市场的规束，上海燃料油期货品种的成交量逐渐下降，其套期保值功能的有效性也有所减弱。另外，由于中国原油期货的推出时间较短，受到市场成熟度、交易规模等方面的影响，其市场有效性尚待考证。这就使得越来越多的中国企业参与到国际石油期货市场中，以寻找规避国际原油价格波动风险的较优途径。其中，交易量较大、发展较为成熟的国际原油期货市场纽约商业交易所（NYMEX）与伦敦国际石油交易所（IPE）则为中国企业分散转移风险提供了其他选择。

综上，本章将以我国企业规避油价风险的套期保值策略的选择作为研究重点，结合原油期现货的相关数据，验证中国原油期货对于中国原油现货进行套期保值的有效性，并分析中国企业利用国际原油期货合约，即 WTI 原油期货合约与布伦特原油期货合约等来规避国内原油现货价格风险的可行性；同时，将运用经典的模型对不同原油期货合约的套期保值比率进行估计，并对比其对应的套期保值绩效，分析其优劣，以找出适合我国企业规避原油价格波动风险的套期保值合约与套期保值比率。

6.1 套期保值合约的选择原则

为锁定价格、减少价格风险，企业在进行套期保值交易时首先应选择较为适当的期货合约。一般来说，套期保值合约选择的原则包括以下几点。

1）商品品种相同或相关原则。

套期保值的效果依赖于商品现货价格与期货合约价格波动的一致性。因此，在选择套期保值的期货合约时，通常选择与现货商品品种相同的商品期货合约。但考虑到期货商品市场的规模性，相对于类型繁多的现货商品，商品期货市场所提供的商品期货类型极为有限，因此，很多企业在套期保值时，由于缺乏完全一致的商品期货合约，也常常选择与其存在内在关联，呈现出较强价格相关性的商品期货合约。

比如：某航空公司为保证正常运营，需要购入航用汽油与航空煤油作为飞机的燃料。为减少或避免未来航油价格上涨或价格波动带来利润的不确定性，可以选择相同品类的航油期货购入以套期保值。但由于国内外成熟航油期货品种的匮乏，航空公司的套期保值需求很难通过同品类的期货合约来实现。故而，考虑到航油与汽油、柴油等同为主要的运输燃料，航空企业可能寻找与其价格波动一致性较强的原油期货合约进行替代，这就是品种相关的原则。

2）头寸方向相反原则。

头寸方向相反是套期保值合约选择时的核心与最基础的原则。具体来说，头寸相反指的是企业所持的套期保值期货合约头寸需要与该企业在现货市场所持有的头寸方向相反。

比如：某原油进口企业准备在未来某时间点在国际上采购一定数量的原油，考虑到当前国际原油价格较低，为锁定企业利润，在进行套期保值时则应在原油期货市场上买入原油期货，此时该企业在期货市场上为多头头寸。当该企业在未来某时期按计划完成原油采购时，则应同时在期货市场上通过卖出交易，将持有的多头头寸进行平仓，与现货市场进行相反的操作。

3）月份相近原则。

在传统的套期保值交易中，企业常根据套期保值的远期价格锁定内涵，选用交割月份与现货市场真实交易时间相同的期货合约。即，若某原油炼化企业需要在3个月后买入一定数量的原油现货，则通常选用3个月后交割的期货合约。一般来说，交割月份相同的期货合约与该时期的现货价格的联系往往更为紧密。同时，由于期货合约到期的实物交割制度，所以当期货合约临近交割时间时，其价格往往趋于与现货市场一致，从理论上可以达到更为显著的套期保值效果。

值得注意的是，企业参与期货市场进行套期保值的真实目的是规避价格风险而非真实的货品交易，因而极少有企业会对持有的期货合约进行实物交割。产生这一现象的主要原因在于：首先，商品期货的实物交割的仓库为指定的，其数量极其有限且存在时空上的差异。以中国原油期货为例，获批的指定原油期货交割仓库为中国石化集团石油商业储备有限公司、中石油燃料油有限责任公司、中化兴中石油转运（舟山）有限公司、大连中石油国际储运有限公司、青岛实华原油码头有限公司及洋山申港国际石油储运有限公司等。考虑到地理上的差异及其对应的运输、仓储、装卸、交割手续费与交割检验等方面的成本，实物交割对大部分期货市场参与者来说都是极不经济的。

其次，作为标准化的商品合约，期货合约对其交割的实物也有特定的品类与品质要求。以我国上海原油期货为例，具体可交割油种有7种，除我国胜利原油外，其余6种则来自中东等地，具体可见表6-1。而参与套期保值的企业在实际的生产经营中也很难保持其现货油种与交割要求的一致性，从而无法参与实物交割。

表6-1　上海原油期货可交割品种及产地

国家	原油品种	升贴水（元/桶）	原产地（装运港）
阿拉伯联合酋长国	迪拜原油	0	法特港
阿拉伯联合酋长国	上扎库姆原油	0	兹尔库岛
阿曼苏丹国	阿曼原油	0	费赫勒港
卡塔尔国	卡塔尔海洋油	0	哈卢尔岛
也门共和国	马西拉原油	5	席赫尔
伊拉克共和国	巴士拉轻油	-5	巴士拉油码头或者单点系泊浮筒
中华人民共和国	胜利原油	-5	中国石化胜利油田分公司东营原油库

在实物交割受到种种限制的现实背景下，绝大部分套期保值企业会在现货交易实际发生的时期，在期货市场上通过反向操作将持有的套期保值期货合约平仓。因此，在选择套期保值合约时，除考虑品种相关和方向相反之外，还需要考虑期货合约自身的流动性，以保证套期保值企业能在期货市场上按照自己的意愿迅速地达成交易且不会对价格产生太大影响。2020年4月20日晚，纽约商业交易所5月交货的轻质原油期货价格下跌55.90美元，收于每桶-37.63美元，便是大量原油期货合约无法及时平仓，又无法进行实物交割导致的极端情况。

为避免我国企业出现类似情况，在套期保值期限结束日顺利平仓，在选择期货合约时，应选择活跃合约并尽量在期货合约到期前提前移仓。

6.2 套期保值比率的计算方法与绩效检验

企业开展套期保值交易时，除选择合适的期货品种之外，还需要寻找合理的期货合约与现货之间的比例（即套期保值比率）。而通过第二章对相关研究的梳理，我们不难发现：学者们对于动态与静态套期保值比率的绩效存在一定的争议，对于中国企业利用国际原油期货进行套期保值的研究较为缺乏。据此，本书将采用多种套期保值比率确定方法，并对其套期保值绩效进行对比，以期找到较优的套期保值策略。

6.2.1 最小方差套期保值比率

在经典套期保值理论中，期货与现货头寸的比例应该等于1，从而达到风险为零的目的。但由于期现货价格之间的基差的存在，套期保值的比率为1往往不是一个较好的选择。为了实现风险最小化的目标，我们应该将持有的现货与期货看作一个整体，通过考虑期现组合的总体风险最小化来得出相应的套期保值比率，这也称为最小方差套期保值比率。一般来说，这种方法得出的套期保值比率通常小于1，有利于套期保值企业降低成本，提高套期保值效果。

具体地，我们可以假设持有的现货头寸为 U_s，持有的期货数量为 U_f，h 为套期保值比率，则该资产组合的收益率 R_h 可以通过以下公式计算：

$$R_h = \frac{U_s \Delta S_t + U_f \Delta F_t}{U_s \Delta S_t} = R_s - h R_f$$

其中，S_t 表示 t 时刻现货的价格，F_t 表示 t 时刻期货的价格，$\Delta S_t = S_t - S_{t-1}$，$\Delta F_t = F_t - F_{t-1}$；$R_s$ 表示现货收益率，R_f 表示期货收益率。

为使期现组合收益率 R_h 的方差趋于最小值，可令其导数等于0，最小方差套期保值比率的计算公式如下：

$$h = \frac{\mathrm{cov}(R_s, R_f)}{\mathrm{var}(R_f)} = \rho \times \frac{\sigma_s}{\sigma_f}$$

其中，ρ 表示期现货收益率之间的相关系数，σ_s 为现货价格标准差，σ_f 为期货价格标准差。

6.2.2 静态套期保值比率的估计模型

1）简单线性回归模型（OLS）。

早在20世纪70年代，就有学者将线性回归模型用于套期保值比率的估计。运用最小二乘法，可计算出固定的套期保值比率，其估算公式如下：
$$\Delta S_t = \alpha_1 + \beta_1 \Delta F_t + \varepsilon_t$$

式中，α_1 为常数项，ε_t 表示随机误差项，而回归系数 β_1 则为套期保值比率。

但值得注意的是，运用线性回归模型需要满足较多的前提条件，其中包括方差齐性、残差服从正态分布等，而现实的经济序列往往很难完全满足这些前提，从而导致估算的套期保值比率不够准确。

2）误差修正模型（ECM）。

Engle 与 Granger 提出，若期货价格与现货价格为同阶单整且协整的时间序列，则两个时间序列 S_t 与 F_t 之间一定存在一个长期稳定的关系，可用一个误差修正方程来表示。在此基础上，Ghosh（1993）提出了估计最小方差套期保值比率的误差修正模型，其估计方程如下：
$$\Delta S_t = a_0 + a_1 \Delta F_t + a_2 EC_{t-1} + \eta_t$$

式中，误差修正项 EC_{t-1}（$EC_{t-1} = S_{t-1} - c_0 - c_1 \times F_{t-1}$）为期现货价格线性回归方程的残差项，$a_0$，$a_1$，$a_2$ 为回归系数，η_t 为误差项，而系数 a_1 即为误差修正模型估计出的静态套期保值比率。

一般来说，由于考虑了协整关系的存在，误差修正模型对套期保值比率的估计要更为精细一些。但值得注意的是，线性回归模型与误差修正模型均认为现货与期货价格的方差与协方差是恒定的，故而其估计的套期保值比率也是静态的。而事实上，受期货价格与现货价格的相互影响、政策、投资者心理、市场氛围等因素的影响，期现货价格的方差往往不断变化，因此，有必要引入动态的套期保值比率。

6.2.3 动态套期保值比率的估计模型

1）ARCH 效应。

金融时间序列往往存在波动的集聚效应，即一段时间其波动率较大，一段时间其波动率又整体偏小，这也就使得该时间序列的方差与前一时间序列的方差是有关系的。在这种情况下，假设该时间序列为同方差则是不准确的。为解决以上问题，Engle 等学者提出了自回归条件异方差（ARCH）模型。

以一般的线性回归模型为例，其数学方程如下：
$$y_t = \alpha x_t + e_t$$

其中，y_t 为因变量，x_t 为自变量，而 e_t 则为残差项。其残差项的平方满足以下 $AR(q)$ 过程：

$$e_t^2 = a_0 + a_1 e_{t-1}^2 + a_2 e_{t-2}^2 + \cdots + a_q e_{t-q}^2 + v_t$$

其中，v_t 服从正态分布。对以上方程，以残差项的回归系数均为 0 作为原假设，对其进行 LM 检验后，即可证明该时间序列存在 ARCH 效应。

2) ECM-GARCH 模型。

为同时考虑期货与现货价格序列中可能同时存在的长期协整关系与波动的集聚效应，我们可以将误差修正模型与广义自回归条件异方差模型相结合，从而构造出 ECM-GARCH 模型。其构造方程如下：

$$\Delta S_t = c_s + \varphi_s EC_{t-1} + \varepsilon_{s,t-1}$$
$$\Delta F_t = c_f + \varphi_f EC_{t-1} + \varepsilon_{f,t-1}$$

式中，c_s，c_f，φ_s，φ_f 为回归系数，$\varepsilon_{s,t-1}$，$\varepsilon_{f,t-1}$ 为误差项。

以 ρ_{sf} 表示两误差项之间的相关系数，$\mathrm{var}(\Delta S_t)$ 与 $\mathrm{var}(\Delta F_t)$ 分别表示现货与期货价格序列 Garch 方程对应的残差的条件方差序列，则动态套期保值比率 h_{t-1}^* 的估计方程为：

$$h_{t-1}^* = \frac{\mathrm{cov}(\Delta S_t, \Delta F_t \mid EC_{t-1})}{\mathrm{var}(\Delta F_t \mid EC_{t-1})} = \rho_{sf} \times \left[\frac{\mathrm{var}(\Delta S_t)}{\mathrm{var}(\Delta F_t)}\right]^{0.5}$$

6.2.4 套期保值绩效检验

由于本书采用的是最小方差的套期保值比率，故而，也应相应地将套期保值组合后收益方差的减少量作为衡量套期保值所达到的风险降低效果的依据。令套期保值绩效检验指标为 H_e，其计算方程为：

$$H_e = \frac{\mathrm{var}(R_s) - \mathrm{var}(R_h)}{\mathrm{var}(R_s)}$$

即用未套期保值时的收益方差减去套期保值后的收益方差后与原收益方差进行对比，观察收益方差减少的比例。H_e 的值越大，说明风险下降程度越大；H_e 的值越小，说明风险下降程度越小，可以很好地说明套期保值的效果。

6.3 实证分析

上一章的实证结果显示：上海原油期货、纽约 WTI 原油期货以及伦敦布伦特原油期货的价格与我国胜利原油现货的价格的波动具有长期一致性，其活跃合约均可以作为我国企业的套期保值期货合约选择。此外，本节将采用 OLS、ECM 与 ECM-GARCH 模型确定套期保值比率并对相应的套期保值绩效进行对比分析，以提出较好的套期保值策略建议，提高我国企业利用国际原油期货进行套期保值的效率。

6.3.1 线性回归模型估计结果分析

结合上海原油期货、纽约 WTI 原油期货以及伦敦布伦特原油期货与我国胜利原油现货价格的时间序列，利用 Eviews 软件，得各期货品种套期保值比率的估计结果如下：

1) 上海原油期货与胜利原油现货的 OLS 估计结果见表 6-2。

表 6-2　上海原油期货与胜利原油现货的 OLS 估计结果

回归系数	估计值	标准误差	t 检验值	显著性水平（t）
α_1	0.000238	0.000869	0.273379	0.7846
β_1	0.931564	0.040960	22.743000	0
F 检验值	517.2441		显著性水平（F）	0

从表 6-2 的计算结果可以得出，利用上海原油期货活跃合约对我国胜利原油现货进行套期保值所得的回归模型方程为：

$$\Delta S_t = 0.000238 + 0.931564 \Delta FI_t + \varepsilon_t$$

从回归分析的检验统计量可以看出，其 F 检验对应的显著性水平约为 0，确实存在显著的线性关系；此外，方程自变量 t 检验的显著性水平也约等于 0，可以通过检验。据此，利用回归模型所得出的上海原油期货的套期保值比率为 0.931564，小于传统套期保值的比率 1。

2) 布伦特原油期货与胜利原油现货的 OLS 估计结果。

表 6-3　布伦特原油期货与胜利原油现货的 OLS 估计结果

回归系数	估计值	标准误差	t 检验值	显著性水平（t）
α_1	0.000144	0.001034	0.139483	0.8891
β_1	0.415711	0.035371	11.752890	0
F 检验值	138.1303		显著性水平（F）	0

从表 6-3 的计算结果可以得出，利用布伦特原油期货活跃合约对我国胜利原油现货进行套期保值所得的回归模型方程为：

$$\Delta S_t = 0.000144 + 0.415711 \Delta FB_t + \varepsilon_t$$

从回归分析的检验统计量可以看出，其 F 检验对应的显著性水平约为 0，确实存在显著的线性关系；此外，方程自变量 t 检验的显著性水平也约等于 0，可以通过检验。据此，利用回归模型所得出的布伦特原油期货的套期保值比率为 0.415711，显著小于上海原油期货的套期保值比率，对套期保值资金的需求较少。

3）WTI 原油期货与胜利原油现货的 OLS 估计结果。

表 6-4 WTI 原油期货与胜利原油现货的 OLS 估计结果

回归系数	估计值	标准误差	t 检验值	显著性水平（t）
α_1	0.000151	0.001079	0.140275	0.8885
β_1	0.207548	0.026088	7.955683	0
F 检验值	63.29289		显著性水平（F）	0

从表 6-4 的计算结果可以得出，利用 WTI 原油期货活跃合约对我国胜利原油现货进行套期保值所得的回归模型方程为：

$$\Delta S_t = 0.000151 + 0.207548 \Delta FW_t + \varepsilon_t$$

从回归分析的检验统计量可以看出，其 F 检验对应的显著性水平约为 0，确实存在显著的线性关系；此外，方程自变量 t 检验的显著性水平也约等于 0，可以通过检验。据此，利用回归模型所得出的 WTI 原油期货的套期保值比率为 0.207548。

综上分析可以看出，利用上海原油期货进行套期保值的套期保值比率最高，而 WTI 原油期货的套期保值比率最低。相较之下，WTI 原油期货的套期保值比率不到上海原油期货套期保值比率的四分之一。这也意味着，若利用上海原油期货进行套期保值，其成本较高，布伦特原油期货的成本次之，利用 WTI 原油期货进行套期保值的成本最低。

6.3.2 ECM 模型估计结果分析

在 5.3 节的实证分析中我们已经发现，上海原油期货、伦敦布伦特原油期货、WTI 原油期货与中国胜利原油现货的价格序列均存在协整关系，因此，我们可以进一步考虑其价格序列中存在的长期一致关系，利用误差修正模型对其进行套期保值比率的估计。

1）上海原油期货与胜利原油现货的 ECM 模型估计结果。

根据 5.3.2 小节对上海原油期货与胜利原油现货的一元线性回归模型结果，其误差修正项的计算公式为：

$$EI_t = S_t + 0.518887 - 1.10413FI_t$$

利用 Eviews 软件对上海原油期货价格与中国胜利原油现货价格的误差修正模型进行估计，得到的结果如表 6-5 所示：

表 6-5 上海原油期货价格与胜利原油现货价格的 ECM 模型估计结果

变量	系数估计值	标准误差	t 检验值	显著性水平（t）
C	0.000233	0.000864	0.269672	0.7875
ΔFI_t	0.9354910	0.040727	22.969790	0
EI_{t-1}	-0.027692	0.008506	-3.255552	0.0012
F 检验值	267.1245		显著性水平（F）	0

根据表 6-5 的计算结果可以得出，利用上海原油期货活跃合约对我国胜利原油现货进行套期保值所得的误差修正方程为：

$$\Delta S_t = 0.000233 + 0.9354910\Delta FI_t - 0.027692 EI_{t-1}$$

从回归分析的检验统计量可以看出，其 F 检验对应的显著性水平约为 0，确实存在显著的线性关系；此外，从自变量 ΔFI_t 对应的 t 检验值及其显著性水平亦可看出，ΔFI_t 确为回归方程的显著变量。此外，利用误差修正模型所得出的上海原油期货的套期保值比率为 0.935491，与回归分析所得套期保值比率较为接近，略小于传统套期保值的比率 1。

2) 布伦特原油期货与胜利原油现货的 ECM 模型估计结果。

根据 5.3.2 小节对布伦特原油期货与胜利原油现货的一元线性回归模型结果，其误差修正项的计算公式为：

$$EB_t = S_t + 0.28542 - 1.04159FB_t$$

利用 Eviews 软件对布伦特原油期货价格与中国胜利原油现货价格的误差修正模型进行估计，得到的结果如表 6-6 所示：

表 6-6 布伦特原油期货价格与胜利原油现货价格的 ECM 模型估计结果

变量	系数估计值	标准误差	t 检验值	显著性水平（t）
C	0.000140	0.000999	0.140355	0.8884
ΔFB_t	0.396587	0.034264	11.57434	0
EB_{t-1}	-0.09943	0.013233	-7.51349	0
F 检验值	267.1245		显著性水平（F）	0

从表 6-6 的计算结果可以得出，利用布伦特原油期货活跃合约对我国胜

利原油现货进行套期保值所得的误差修正方程为：
$$\Delta S_t = 0.000140 + 0.396587\Delta FB_t - 0.09943EB_{t-1}$$

从回归分析的检验统计量可以看出，其 F 检验对应的显著性水平约为 0，确实存在显著的线性关系；此外，从自变量 ΔFB_t 对应的 t 检验值及其显著性水平亦可看出，ΔFB_t 确为回归方程的显著变量。此外，利用误差修正模型所得出的上海原油期货的套期保值比率为 0.396587，相较回归分析所得的套期保值比率，误差修正模型所得的比率更低。

3）WTI 原油期货与胜利原油现货的 ECM 估计结果。

根据 5.3.2 小节对 WTI 原油期货与胜利原油现货的一元线性回归模型结果，其误差修正项的计算公式为：
$$EW_t = S_t + 0.512146 - 1.108022FW_t$$

利用 Eviews 软件对 WTI 原油期货价格与中国胜利原油现货价格的误差修正模型进行估计，得到的结果如表 6-7 所示：

表 6-7　WTI 原油期货价格与胜利原油现货价格的 ECM 模型估计结果

变量	系数估计值	标准误差	t 检验值	显著性水平（t）
C	0.000153	0.000994	0.153682	0.8779
ΔFW_t	0.1977	0.024041	8.223425	0
EW_{t-1}	-0.17023	0.014403	-11.8188	0
F 检验值	107.1518		显著性水平（F）	0

根据表 6-7 的计算结果可以得出，利用 WTI 原油期货活跃合约对我国胜利原油现货进行套期保值所得的误差修正方程为：
$$\Delta S_t = 0.000153 + 0.1977\Delta FW_t - 0.17023EW_{t-1}$$

从回归分析的检验统计量可以看出，其 F 检验对应的显著性水平约为 0，确实存在显著的线性关系；此外，从自变量 ΔFW_t 对应的 t 检验值及其显著性水平亦可看出，ΔFW_t 确为回归方程的显著变量。此外，利用误差修正模型所得出的上海原油期货的套期保值比率为 0.1977。与回归分析结果较为一致，其套期保值比率显著小于上海原油期货与布伦特原油期货的套期保值比率。

6.3.3　ECM-GARCH 模型估计结果分析

1）ARCH 效应检验。

相较回归模型与误差修正模型，ECM-GARCH 模型很好地考虑了金融序列中存在的波动集聚效应。为确定模型的适用性，在运用该模型估计套期保值比率之前，需要对胜利原油现货与三个期货价格序列的波动集聚性进行检验。因此，本书对 6.3.1 小节的三个回归模型的误差项进行 ARCH－LM 检验。得到的 ARCH－LM 检验结果如表 6－8 所示：

表 6－8　ARCH－LM 检验结果

(ΔS 与 ΔFI) ARCH 检验：			
F 检验值	4.297537	P 值	0.0001
Obs*R^2 值	29.28807	P 值	0.0001
(ΔS 与 ΔFB) ARCH 检验：			
F 检验值	19.05295	P 值	0
Obs*R^2 值	53.56323	P 值	0
(ΔS 与 ΔFW) ARCH 检验：			
F 检验值	6.211921	P 值	0.0004
Obs*R^2 值	18.31436	P 值	0.0004

从表 6－8 中我们可以看出，三个方程的 F 统计值与 LM 统计量的显著性水平均小于 0.01，能通过检验。这说明，胜利原油现货与三个原油期货价格序列确实存在异方差与波动集聚效应，结合前面分析得出的协整关系，可选择 ECM－BGARCH 来估计套期保值比率。

2）基于上海原油期货的动态套期保值比率分析。

为计算出 ECM－GARCH 模型的动态套期保值比率，需要结合误差修正项对胜利原油现货与上海原油期货价格序列的差分序列进行单方程的 GARCH 估计，并保存每个方程的残差序列与 GARCH 序列。利用 Eviews 5.0 软件，结合误差修正项 EI，分别得出 ΔS 与 ΔFI 的 GARCH 方程估计结果，分别如表 6－9、6－10 所示：

表 6－9　基于 EI 的 ΔS 的 GARCH 方程估计结果

变量	系数估计值	标准误差	z 统计值	显著性水平
C	0.00209	0.00073	2.863295	0.0042
EI_{t-1}	0.006326	0.0082	0.77143	0.4405

变量	系数估计值	标准误差	z 统计值	显著性水平
C	0.0000722	0.0000134	5.405017	0
ARCH（－1）	0.0428288	0.0032286	13.26532	0

续表6－9

变量	系数估计值	标准误差	z 统计值	显著性水平
$GARCH(-1)$	0.558031	0.039004	14.30711	0

表6－10　基于 EI 的 ΔFI 的 GARCH 方程估计结果

变量	系数估计值	标准误差	z 统计值	显著性水平
C	0.001403	0.000682	2.05864	0.0395
EI_{t-1}	0.015514	0.007125	2.177382	0.0295

变量	系数估计值	标准误差	z 统计值	显著性水平
C	0.0000555	0.0000109	5.103916	0
$ARCH(-1)$	0.0240306	0.0034384	6.988949	0
$GARCH(-1)$	0.645608	0.042804	15.08277	0

由表6－9与6－10可知，方程的 ARCH 项与 GARCH 项的 z 检验所对应的显著性水平均小于0.01，可以通过检验。保存其残差项分别记为 residsi 与 residfi，并保存其残差序列的条件方差序列，分别为 garchsi 与 garchfi。

计算 residsi 与 residfi 的相关系数为0.6374526，利用动态套期保值比率的估计公式，得采用上海原油期货的动态套期保值比率 HINE 的计算结果，如图6－1所示。

图6－1　采用上海原油期货的动态套期保值比率 HINE 的计算结果

为了更好地观察动态套期保值比率 HINE，计算 HINE 序列的基本统计信息，如图 6-2 所示。

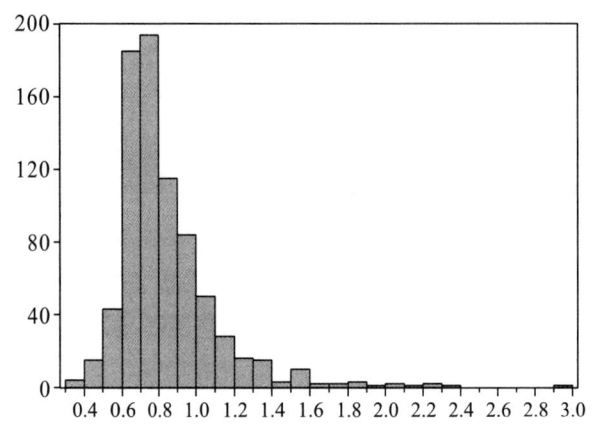

图 6-2 HINE 序列基本统计信息

根据图 6-1 与图 6-2 我们容易发现，采用上海原油期货的动态套期保值比率总体较为平稳，但在 2020 年上半年，其动态套期保值率出现了较大的波动；总体来看，其平均套期保值比率约为 0.837247，低于回归模型与误差修正模型所得出的套期保值比率。

3）基于布伦特原油期货的动态套期保值比率分析。

首先，利用 Eviews 软件，结合误差修正项 EB，分别得出 ΔS 与 ΔFB 的 GARCH 方程估计结果，如表 6-11 与表 6-12 所示：

表 6-11　基于 EB 的 ΔS 的 GARCH 方程估计结果

变量	系数估计值	标准误差	z 统计值	显著性水平
C	0.002609	0.000772	3.378547	0.0007
EB_{t-1}	−0.029232	0.010002	−2.922726	0.0035
变量	系数估计值	标准误差	z 统计值	显著性水平
C	0.0000809	0.0000139	5.822093	0
ARCH（−1）	0.0428372	0.0038174	11.2216	0
GARCH（−1）	0.542899	0.043057	12.60881	0

表 6-12 基于 *EB* 的 Δ*FB* 的 GARCH 方程估计结果

变量	系数估计值	标准误差	z 统计值	显著性水平
C	0.001665	0.000706	2.359784	0.0183
EB_{t-1}	0.013521	0.009715	1.391812	0.164
C	0.0000341	0.00000658	5.191003	0
ARCH（-1）	0.0170504	0.0013959	12.21469	0
GARCH（-1）	0.795147	0.019194	41.42701	0

由表 6-11 与 6-12 可知，方程的 ARCH 项与 GARCH 项的 z 检验所对应的显著性水平均小于 0.01，可以通过检验。保存其残差项分别记为 residsb 与 residfb，并保存其残差序列的条件方差序列，分别为 garchsb 与 garchfb。

计算 residsb 与 residfb 的相关系数为 0.3959328，利用动态套期保值比率的估计公式，得采用布伦特原油期货的动态套期保值比率 HIPE 的计算结果，如图 6-3 所示：

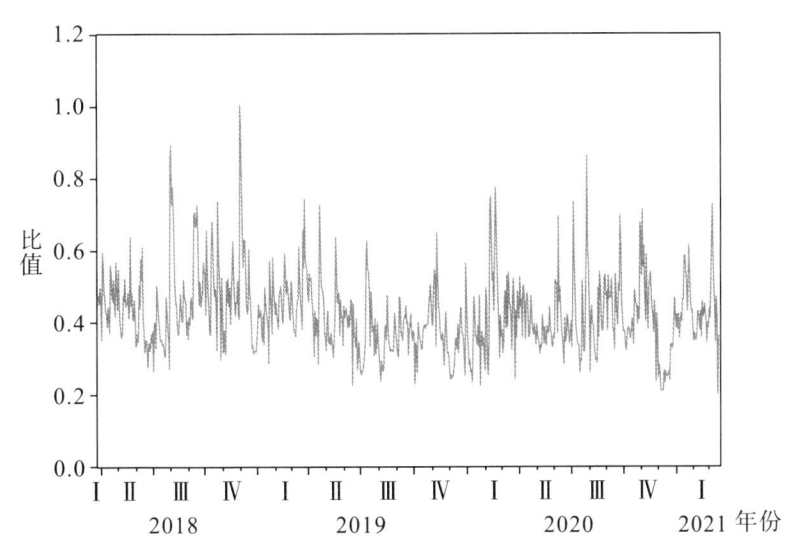

图 6-3 采用布伦特原油期货的动态套期保值比率 HIPE 的计算结果

为更好地观察动态套期保值比率 HIPE，计算 HIPE 序列的基本统计信息，如图 6-4 所示。

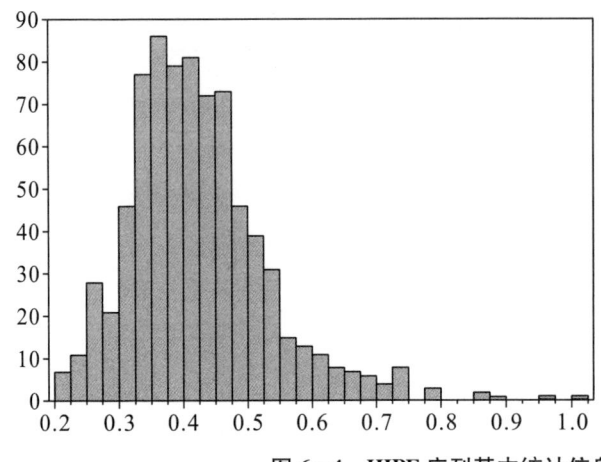

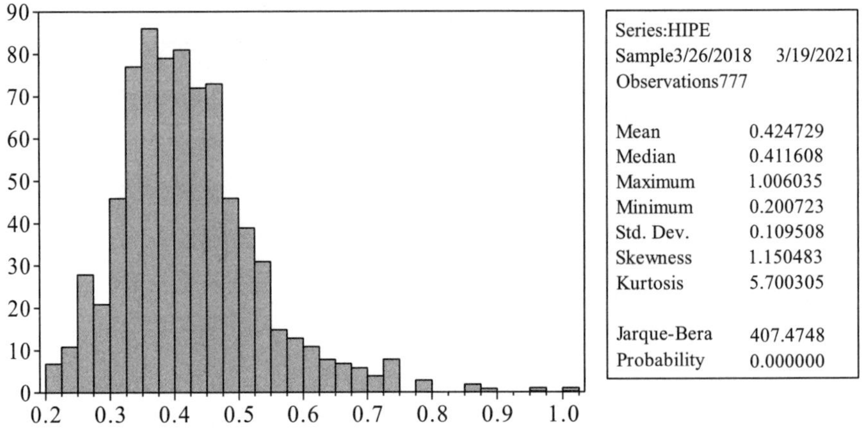

图 6-4　HIPE 序列基本统计信息

根据图 6-3 的计算结果，我们容易发现，采用布伦特原油期货的动态套期保值比率平稳性较高，基本维持在 0.3～0.6 的区间；进一步从图 6-4 可以看出，其平均套期保值比率约为 0.424729，略高于回归模型与误差修正模型所得出的套期保值比率。

4）基于 WTI 原油期货的动态套期保值率分析。

首先，利用 Eviews 软件，结合误差修正项 EW，分别得出 ΔS 与 ΔFW 的 GARCH 方程估计结果，分别如表 6-13、表 6-14 所示：

表 6-13　基于 EW 的 ΔS 的 GARCH 方程估计结果

变量	系数估计值	标准误差	z 统计值	显著性水平
C	0.002466	0.000801	3.077935	0.0021
EW_{t-1}	−0.056533	0.011764	−4.80548	0
变量	系数估计值	标准误差	z 统计值	显著性水平
C	0.0000877	0.000015	5.834023	0
ARCH（−1）	0.0414441	0.0038919	10.64873	0
GARCH（−1）	0.537328	0.047553	11.29958	0

表 6-14　基于 EW 的 ΔFW 的 GARCH 方程估计结果

变量	系数估计值	标准误差	z 统计值	显著性水平
C	0.001504	0.000716	2.099583	0.0358
EW_{t-1}	0.010422	0.010992	0.948114	0.3431

续表6-14

变量	系数估计值	标准误差	z统计值	显著性水平
C	0.0000464	0.0000074	6.268274	0
$ARCH(-1)$	0.0222614	0.0018583	11.97934	0
$GARCH(-1)$	0.748215	0.019018	39.34328	0

由表6-13与6-14可知，方程的ARCH项与GARCH项的z检验所对应的显著性水平均小于0.01，可以通过检验。保存其残差项记为residsw与residfw，并保存其残差序列的条件方差序列，分别为garchsw与garchfw。

计算residsw与residfw的相关系数为0.28656655，利用动态套期保值比率的估计公式，得采用WTI原油期货的动态套期保值比率HWTI的计算结果，如图6-5所示：

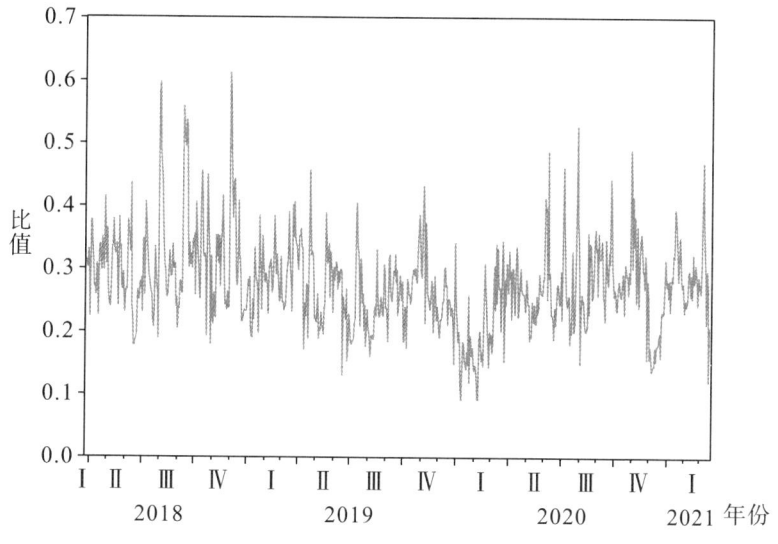

图6-5 采用WTI原油期货的动态套期保值比率HWTI的计算结果

为更好地观察动态套期保值比率HWTI，计算HWTI序列的基本统计信息，如图6-6所示。

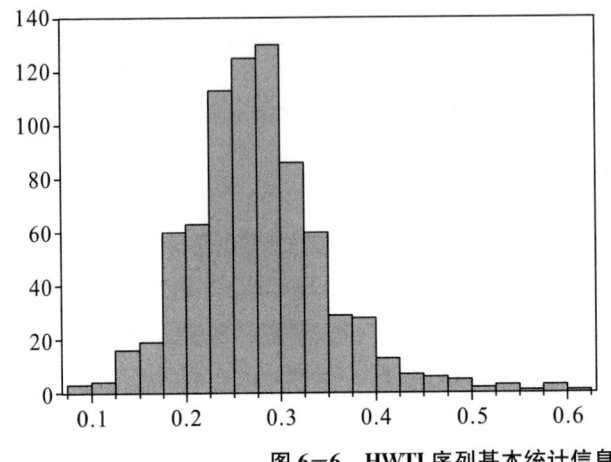

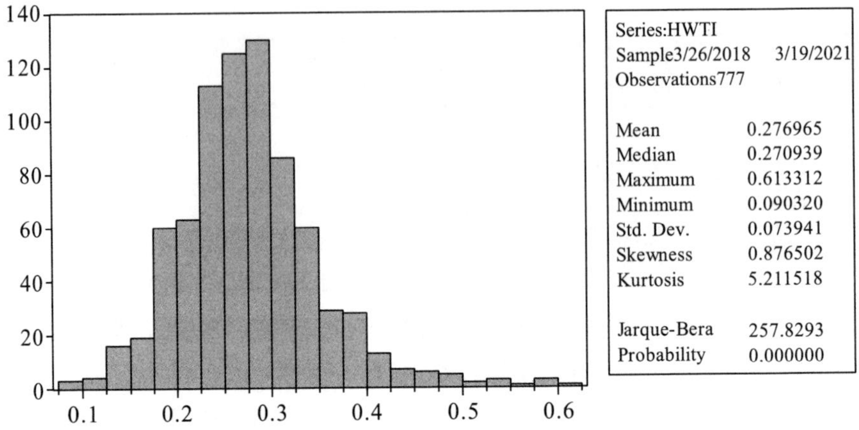

图 6-6　HWTI 序列基本统计信息

根据图 6-5 的计算结果我们容易发现，采用 WTI 原油期货的动态套期保值比率平稳性较高，基本维持在 0.2~0.4 的区间；从图 6-6 可以进一步看出，其平均套期保保比率约为 0.276965，高于回归模型与误差修正模型所得出的套期保值比率。

6.3.4　套期保值绩效对比分析

1）套期保值绩效计算。

为分析不同期货合约及不同套期保值比率对胜利原油现货风险的规避效果，本书利用套期保值绩效检验指标 H_e，对其风险降低程度进行了计算。

首先，计算出未进行套期保值时，一个单位的现货的对数化收益率方差 $\text{var}(R_s)$ 为 0.00102，再根据套期保值后的对数化收益率方差衡量其风险下降比率。在计算 ECM-GARCH 模型所得的动态套期保值比率的绩效时，由于其套期保值比率是动态变化的，而在企业的实际操作中，考虑到操作难度与交易手续费的问题，往往很难做到完全的动态保值。本书在计算其套期保值绩效时，采用最能反映其套期保值程度的均值来作为其套期保值比率以对其套期保值绩效进行大致的衡量。

据此，得不同合约与不同比率的套期保值绩效水平如表 6-15 所示。

表 6-15 套期保值绩效检验结果

上海原油期货			
	OLS	ECM	ECM-GARCH
套期保值比率 h	0.931564	0.935491	0.837247
套期保值后的对数化收益率方差 var(R_h)	0.000613	0.000613171	0.000618534
套期保值绩效 H_e	0.398679	0.398724055	0.393465237

布伦特原油期货			
	OLS	ECM	ECM-GARCH
套期保值比率（h）	0.415711	0.396587	0.424729
套期保值后的对数化收益率方差 var(R_h)	0.000852	0.000853291	0.000852237
套期保值绩效 H_e	0.164117	0.16326248	0.164296325

WTI 原油期货			
	OLS	ECM	ECM-GARCH
套期保值比率 h	0.207548	0.1977	0.276965
套期保值后的对数化收益率方差 var(R_h)	0.000559	0.000551981	0.000615508
套期保值绩效 H_e	0.451796	0.458727128	0.396432148

2）不同方法的套期保值绩效比较。

根据表 6-15 的绩效检验结果可知：用上海原油期货对胜利原油现货进行套期保值时，动态套期保值比率普遍低于静态套期保值比率；运用 OLS、ECM 与 ECM-GARCH 模型确定的套期保值比率的绩效均约等于 40%，风险规避效果差别极小。

用布伦特原油期货进行套期保值时，静态套期保值比率略小于动态套期保值比率，其中 ECM 模型所得套期保值比率最低；从风险规避效果来看，三个套期保值比率的绩效相差在 1% 以内，绩效差别较小。

采用 WTI 原油期货进行套期保值时，不同模型所得的套期保值比率与套期保值绩效差别相对较大。其中，静态套期保值比率相对较小，约为 0.2，显著低于动态套期保值比率的 0.277；从套期保值绩效上看，两类静态套期保值比率的套期保值绩效分别约为 45% 与 46%，均优于动态套期保值比率的套期保值效果。

综合来看，在对胜利原油现货进行套期保值时，静态套期保值与动态套期保值的比率相关较小，对企业的资金要求较为一致；而静态套期保值的绩效总体上略优于动态套期保值比率；再结合实际操作中的便利性，静态套期保值比率是企业的更优选择。在两类静态套期保值比率中，考虑了协整关系的ECM模型相较于OLS模型，其比率相对较低，绩效总体上略优。因此，ECM模型所确定的套期保值比率是企业对胜利原油现货进行套期保值时的最优选择。

3）不同合约的套期保值绩效比较。

分析表6-15中不同期货合约的套期保值情况，容易发现：上海原油期货的套期保值率普遍较高，大致为0.9；若利用上海原油期货进行套期保值，对资金的占用相对较多，套期保值成本略高。从套期保值绩效上看，上海原油期货的套期保值绩效约为40%，能实现较为明显的风险规避效果。

而布伦特原油期货的套期保值比率则约为0.4，对企业套期保值资金的需求较少。但布伦特原油期货的套期保值绩效为16%~17%，这说明采用布伦特原油期货来对胜利原油现货套期保值并不能取得很好的风险规避效果。

根据表6-15中的数据，运用WTI原油期货进行套期保值的套期保值比率最低，三种模型的套期保值比率分别为0.207548、0.1977与0.276965，对套期保值企业的资金要求较低。从套期保值绩效上看，三个模型对应的H_e值分别为0.451796、0.458727128与0.396432148，确实达到了较为明显的风险规避效果。这说明，利用WTI原油期货进行套期保值的比率显著低于传统的套期保值比率1，但其套期保值效果仍是较优的。

综上所述，利用三种期货对我国胜利原油现货进行套期保值均能达到规避风险的目的。从套期保值比率来看，上海原油期货的比率最高，WTI原油期货的比率仅有上海原油期货的四分之一左右；采用WTI原油期货进行套期保值的资金占用最少。从套期保值绩效上来看，布伦特原油期货的套期保值绩效较差，显著低于上海原油期货与WTI原油期货，不能很好地实现套期保值效果，故不建议我国企业采用。相较之下，采用WTI原油期货能实现更好的套期保值绩效。但值得注意的是，上海原油期货的套期保值绩效仅略低于WTI原油期货，同样能实现较好的风险规避效果。而从交易的便利性上来看，我国企业参与上海原油期货交易的渠道更为通畅，交易成本相对较低，其也是我国企业规避原油价格风险的较好选择。

因此，各企业可以结合自身情况，综合资金占用、交易成本与套期保值绩效三个因素，在上海原油期货与WTI原油期货之间进行适当的套期保值合约选择。

7　基于套利改进的套期保值策略研究

　　传统套期保值理论将规避风险作为企业参与套期保值交易的唯一目的。但在实际中，企业往往将现货与期货的组合看作潜在资产，进而对持有期货合约的收益产生需求。改革开放至今，我国企业在参与原油期货市场交易时所发生的几次大的亏损事件，往往都源于对于利润的过度追逐，从而使得企业在期货交易中偏离了通过套期保值来规避风险的本质需求，持有了大量与套期保值本质不相符的期货仓位，将企业暴露于更大的价格风险中，当市场发生不利变化时，给企业带来远超现货市场的巨幅亏损。

　　企业在套期保值过程中产生逐利冲动的原因主要有以下两个方面：一方面，企业持有套期保值合约时，不可避免地会占用企业的资金进而产生资金成本。根据上一章的分析结果，若选用上海原油期货合约并采用ECM模型，其套期保值比率将达到0.9355。按普遍的10%的保证金来算，对企业的资金占用也是极高的。因此，企业很难忽略套期保值所产生的资金成本。另一方面，由于在套期保值时需持有大量的期货证券，企业也往往将持有的期货合约看成一种证券投资；而部分企业由于期货知识的缺乏与管理制度的不完善，常常将期货合约的收益也作为套期保值管理部门经营绩效中的一部分，这也进一步激发了企业与相关部门对套期保值期货的逐利冲动，期望能谋求一定风险水平下的投资收益。

　　综上，考虑到企业的成本控制与逐利需求，本章将尝试在保证企业控制价格波动风险需求的前提下，对传统的期货市场套利机制进行改进，从而改善企业的套期保值组合，提升企业的投资收益。

7.1 期货市场的套利交易分析

7.1.1 期货市场的典型价差

1) 期现价差。

期货价格与现货价格有着密切关系，大多数时候两者走向基本一致，同升同降，但是期货市场与现货市场的参与者与影响因素均存在较多不同，故而期货价格和现货价格的变化幅度不总是一样的。而同一时刻，相同商品的现货价格与期货价格之间的差额就称为基差。

具体来说，基差=现货价格-期货价格。如图7-1所示：当现货价格高于期货价格时，基差为正值，称为反向市场；若现货价格低于期货价格，基差为负值，称为正向市场；同时基差也可以为零。根据基差绝对值的大小，又可以分为两种情况：基差趋大，即基差在零线附近的波动幅度越来越大；基差趋小，即基差在零线附近的波动幅度越来越小。因此，在不同市场中，基差大小与基差强弱的关系如下：

正向市场：基差走强=基差趋小；基差走弱=基差趋大。

反向市场：基差走强=基差趋大；基差走弱=基差趋小。

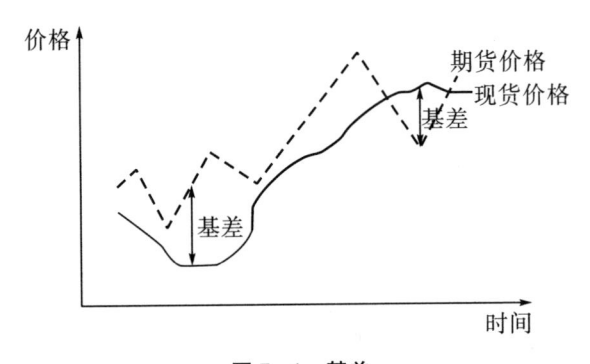

图 7-1 基差

学者研究发现，基差主要反映的是现货市场和期货市场之间运输成本和持有成本的价格变动情况，这其中包含了两个要素：空间要素和时间要素。其中，基差的空间要素主要通过运输成本来体现。由于现货的交易地点与期货的交割地点有所不同，便产生了将某一商品从一个地点运往指定地点所需要的费用，也即运输成本。这个由空间差异引起的成本是时间相同但地点不同的基差也会有所差异的主要原因。另外，基差的时间要素则体现为期现货的持有成本不同。与现货交易不同，期货是远期合约，存在不同的交割月份。而在交割之前，便存在持有成本，即持有某一商品从一个时间点到另一个时间点的成本。这里面主要包括了商品的存储费、商品的损耗费、占用资金所产生的利息和保险费。具体来说，存储费是指保存商品所支出的实际费用；损耗费则指的是商品在运输与存储过程中发生的损失；利息是指存储商品时必需的资本成本，受利率影响较大；保险费是为保险存储商品而支出的费用。通过持有成本的构成，我们也容易发现，持有成本中的各项费用往往随着时间的延长而增加。这也使得在实际情况中，基差往往随时间的变化而变化；一般说来，期货合约离到期时间越长，该合约的持有成本就越高；离到期时间越近，所产生的持有成本就越低。因此，大部分期货合约在临近到期时，与现货价格的一致性较强。

2）同一商品在不同期货市场上的价差。

大部分全球性的商品都存在多个成熟的期货市场，如黄金、大豆、铜、原油等。由于标的物相同，这些商品在不同市场上的价格应保持一致，但实际上，这些大宗商品在不同期货市场上的价格往往存在明显的差异。

以 WTI 原油期货和布伦特原油期货为例，其标的物虽略有差别，但本质都是原油期货，在过去的几十年中，两个市场的原油期货价格一直存在价差，且价差不断波动。图 7-2 展示了 2019 年两个国际成熟原油期货市场的价差波动情况。从图中可以看出，2019 年全年，布伦特原油期货价格都比 WTI 原油期货价格高，两者价差波动幅度较大，但处于逐渐收窄趋势；9 月以后，两者价差在 5 美元上下波动，较为稳定。

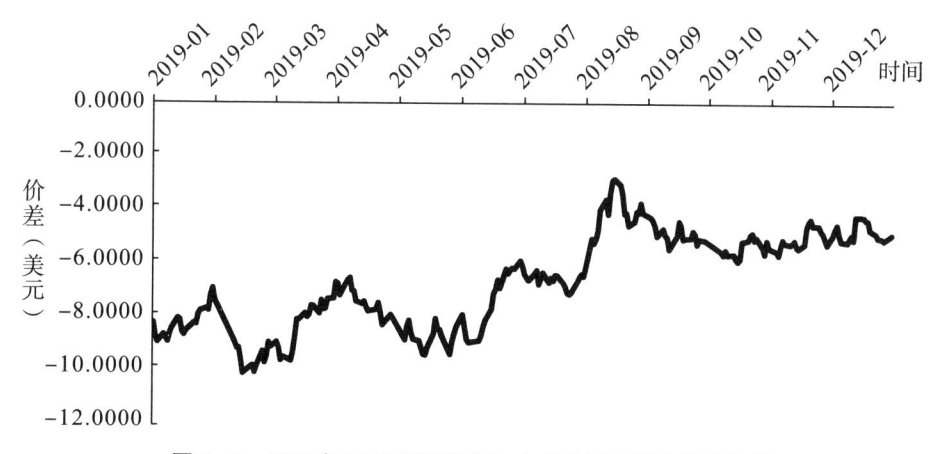

图 7-2　2019 年 WTI 原油期货与布伦特原油期货价差趋势

除原油期货外，实质上，其他大宗商品在不同期货市场中也存在类似的价差。一般来说，导致同一商品在不同期货市场的价格存在差异的原因有很多，比如，交易地点、供求关系、仓储量、政治环境、经济周期等。

(1) 交易地点。

期货市场交易的商品的生产地并非遍布全世界，而是集中在某些地区，这就导致期货市场与生产地之间的距离千差万别，进而造成运输成本的不同，同时不同地点的运输时长还会造成商品品质的变化，进而影响商品的价格。

(2) 供求关系。

供应量=本期供应量+仓储量，可见商品的仓储量直接影响到了供求关系。消费者的购买力和市场的商品供应力决定了市场的运作方向。当某个期货市场的供求关系不对等时，会造成商品价格的较大波动，同时也有可能引起其他期货市场的价格浮动。

(3) 政治环境。

期货市场对政治环境的变化极为敏感，政治环境的变化往往会对商品价格造成不同程度的影响。而全球大多数期货市场的政治环境存在很大差别，所以同一商品在不同期货市场的价格存在较大差异。

(4) 经济周期。

几乎所有商品的价格都会受到经济周期的影响，不仅受到宏观环境下的经济周期的影响，各个期货市场也会受到当地经济周期的影响。同时，不同期货市场对经济周期的调节能力也存在差异，故而产生价格上的差异。

3) 同一期货商品不同期货合约月份上的价差。

期货合约是约定商品交割日期的远期合约。根据离交割日期的远近，期货合约可分为近月合约与远月合约。一般来说，远月合约时间跨度大，所以不确定性因素多，价格波动大，风险也大。近月合约的流动性比远月合约的要好，而且价格波动小，参与者所要承担的风险也就比远月合约的小。所以，即使在同一期货市场上，同一商品的期货合约，若是合约的交割月份不同，其价格也不同。

总体来说，仓储费用、库存量、商品品质、季节性、参与者的预期等因素都会对不同月份期货合约的价格产生影响，具体如下：

(1) 仓储费用。

在同一个生产季节的情况下，随着时间的变动，下一个合约相对于上一个合约来说，仓储费用会增加，这也就导致同一商品在不同期货合约月份上的价格出现波动。

(2）库存量。

库存量能够对短期的价格产生影响。当库存量出现下降趋势时，商品期货价格大概率会上升，所以会出现不同时间有不同价格的情况。

(3）商品品质。

商品并不会在本月内就全部销售出去，而且绝大部分商品的品质会随着时间的变化产生一定程度的差异。比如农产品的水分会随着时间变化而逐渐流失，这会使农产品的品质产生较大的波动，从而对商品的价格产生负面影响。

(4）季节性。

大部分商品具有一定的季节性，直接导致其供求量也具有相应的季节性，所以商品在淡旺季的供求量会有较大的差别。这是同一期货商品在不同期货合约月份上的价格出现差异的主要因素。

(5）参与者的预期。

期货市场的行情会受到市场参与者心理活动的影响。当具有专业权威性的参与者对期货以后的发展并不看好的时候，很多人出于从众心理跟着看跌，导致商品的期货市场在未来出现较大波动，直接影响商品期货合约的价格。

4）相关商品之间的价差。

在期货市场中，有很多商品期货的价格存在较强的相关性。比如：大豆、豆油与豆粕、热轧卷板与螺纹钢、聚乙烯和聚丙烯、菜油与豆油、螺纹钢与焦炭等。其价格波动存在关联的内在原因主要是两个商品之间存在相互替代的关联，或者是处于同一产业链，从而使得影响其价格变化的因素具有较强的相似性。

以较为常见的大豆、豆油与豆粕价差为例，这三种产品就属于同一产业链。大豆经压榨或浸出后形成大豆油，而大豆去除豆油后，形成最大量的就是豆粕。一般来说，每1吨大豆可以制出0.2吨的豆油和0.8吨的豆粕。故而，三者价格之间也就存在密切的联系。首先，豆粕和豆油价格直接受到大豆价格的影响，一般来说，当大豆供给充足时，价格相对便宜，同时也使得豆粕与豆油的价格有所降低；当大豆欠收时，大豆、豆粕与豆油的价格均会上涨。但三者的价格也会呈现不同的走势，如豆油和豆粕的价格之间就常常出现背离：当豆油的价格上涨，会促进豆油的生产，而豆油供给的增长会导致豆粕的价格下降；当豆油销量不好，榨油厂减产后，豆粕的产量也会相应减少，从而导致豆粕价格上涨。此外，我国豆粕主要用于动物饲料，饲养业的变化也会影响豆粕的价格。当饲养业对豆粕的需求大规模提升时，豆粕的价格就会升高，从而扩大豆粕与大豆、豆油间的价差；而豆粕需求的提升又会促进对大豆的需求，推高大豆的价格，进而实现价差的回归。

在石油的产业链上，由于存在价格的内在关联性，因而呈现价差回归效应的产品也较多。比较常见的有原油与汽油、柴油的价差、原油与沥青的价差、石油化工品种 LLDPE、PVC 与 PTA 之间的价差等。

7.1.2 期货市场套利的常见形式

期货套利是指利用相关市场、不同时期或相关商品期货合约之间的价格关系，在其出现不合理价差时建立头寸，以期在价差合理回归后获取收益的行为。

期货套利的依据在于：受相似因素的影响，同一或相关商品在不同市场、不同期货合约上所对应的市场价格波动在长期来看应该是趋于一致的。具体来说，同一商品的期货市场与现货市场的价格、同一商品在不同期货市场上的价格、两个相关商品的期货合约价格、同一商品不同交割时间期货合约的价格波动都应该是趋于一致的。但是，受市场参与者心理、商品季节性、市场交易规模、短期突发事件、特定交易行为等因素的影响，这些合约之间的价格常常出现一些不合理的偏离，这就给期货市场的套利交易提供了机会。当相关市场与合约的不合理偏差最终向合理化回归时，就可以为相关套利者带来一定收益。

一般来说，期货市场的套利方式有期现套利、跨市套利、跨期套利与跨品种套利四种。

1) 期现套利。

期现套利是利用期现市场的价差进行套利的行为。当某种商品的期现货市场的价差出现异常波动时，套利者就可以依据期现货市场的价差回归进行对冲交易从而获取利润。

具体来说，期现套利的机会实际上取决于基差的变化及与持有成本之间的关系。当基差为正且超过了套利的持有成本时，就具备了正向的套利机会。此时，套利者应在期货市场上卖出，并在现货市场上买入相同头寸的商品。当基差缩小，期货与现货的价差趋于正常时，就可以通过买入期货并卖出现货来获取利润。这类期现套利称为期现正向套利。反之，当基差为负且超过合理区间时，投资者则应在期货市场上买入，并在现货市场卖出相同头寸的商品，进行期现反向套利。

值得注意的是，在进行期现反向套利时，需要先进行现货的卖出。由于现货市场上缺乏做空机制，反向套利要求套利者事先拥有商品的现货头寸，这在很大程度上限制了期现反向套利的实施机会。另外，即便是期现正向套利也涉及现货的买入、存储与出售，套利成本较高。因此，期现套利的参与者一般是进行相关产品生产与经营的企业。

2）跨市套利。

跨市套利是利用同一商品、相同月份的期货合约在不同期货市场的价差变化来获取收益的交易行为。考虑到不同期货市场所在区域的商品供求关系、运费、汇率以及所在区域进出口政策等因素的影响，同一商品在不同市场上的价格也存在差异与波动。当这种价差超过两个市场之间的合理区间，即两个市场之间的物流费、税费、交割费等的总和，投资者将一个市场的商品买入并运到另一个市场去交割仍有利润空间时，就产生了跨市套利的机会。

跨市套利需要对两个期货合约进行数量相等、方向相反的操作。具体来说，跨市套利是在一个市场买入（卖出）特定头寸、某个交割月份的期货合约时，需要在另一个市场上卖出（买入）相同头寸、月份的同一商品的期货合约。

大部分情况下，对同一商品，一个国家不会在国内建立两个成熟的期货市场。因此，大部分的跨市套利都是在不同国家的交易所之间进行的。由于两个市场的区隔较大，投资者在跨市套利时，应对两个市场价格差异的形成因素进行仔细的分析，如运输成本、交割规则、升贴水规则、交易所地域特殊性、市场流动性、汇率和供求差异等。为保证跨市套利期货价格的一致性，套利者在选择套利合约时，除要确保期货标的商品相同或极为相似之外，两个期货市场之间也最好存在较多的经济往来。同时，该商品在两个市场所在的区域之间有较好的贸易流通，政策相对宽松，运输成本不高，以保证当该商品在两个市场间出现较大价差时，可以通过贸易流动来实现价差的合理化回归。

根据跨市套利的买卖方向与两个区域的商品贸易流动方向是否相同，跨市套利也分为正向套利和反向套利两种：如果跨市套利的买卖方向与两个区域的商品贸易流动方向相同则称为正向跨市套利；反之，则称为反向跨市套利。基于两个商品期货合约价格波动的长期趋同性，在两个市场价差合理回归后，投资者可以获得较低风险下的利润收益。

3）跨期套利。

所谓跨期套利，是指投资者依据同一市场、同一商品的不同月份的期货合约价格之间的长期一致性，利用不同月份期货合约之间的价差变化来获利的行为。如7.1.1小节所述，在实际交易中，远月合约与近月合约之间的价格差距常常不断变化。但由于标的商品的一致性，其价差波动有回归的趋势，于是就有了跨期套利的机会。

如图 7-3 所示：当近月合约价格远低于远月合约时，会出现较大的起始价差。这时，投资者应买入近月合约并卖出远月合约。在价差缩小后，对两个合约进行平仓即可获得价差收益。同理，当近月合约价格高于远月合约价格或远月合约与近月合约的价差远小于持有成本时，投资者就应该卖出近月合约并买入远月合约，在价差回归正向或价差扩大后，再对两个合约进行平仓，获得价差收益。

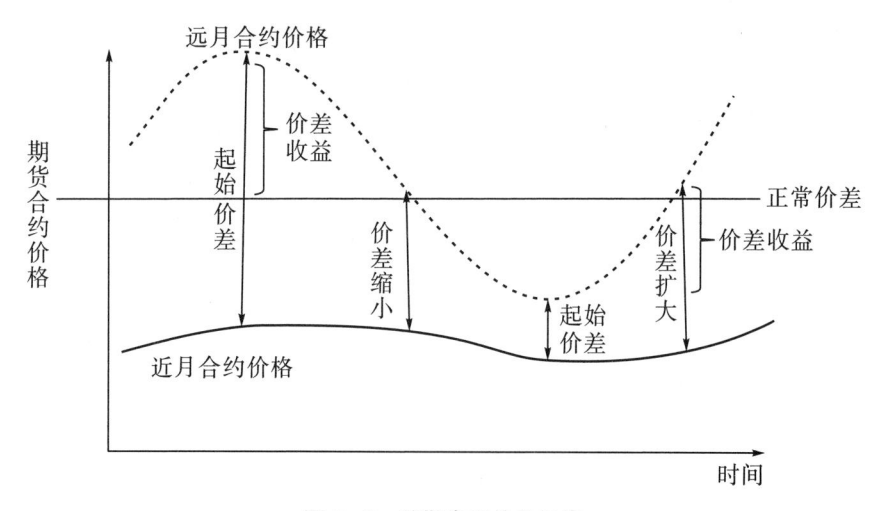

图 7-3 跨期套利价差示意

4) 跨品种套利。

相关商品的价差波动有利于产生跨品种套利机会。跨品种套利是指利用两个品种不同但价格相关性较强商品的期货合约进行套利交易的行为。

在跨品种套利交易中，所选取的两类套利期货品种需满足价格波动强相关的条件。一般来说，两种套利商品的价格往往受相似因素的影响，或者两种商品之间存在一定的替代关系，再或者两种商品之间处于同一产业链的上下游。此外，跨品种套利一般选择同一交割月份的合约进行交易。

根据套利品种的依据条件不同，跨品种套利主要包括基本面套利与上下游套利两种。基本面套利是指对两种套利的商品进行基本供需环境分析，判断其价差的变化方向，进而买入未来基本面较好的商品期货、卖出同时期相对较差的商品期货，以期获得价差收益的方式。而上下游套利则是依据同一产业链中原料与成品之间的价差进行套利的方式。

7.1.3 套利的特点与作用

在期货套利市场，虽然存在不同套利类型与套利方向，但常见的套利方式都具有方向相反、不依赖于商品价格本身等特点，对期货市场的流动性与套期保值功能的发挥有一定的促进作用，同时也能为企业与机构带来一定的投资收益。

1) 常见套利的特点。

首先，期货套利持有的期货合约往往方向相反。在跨市、跨品种和跨期套利的交易中，投资者往往持有相关市场、相关商品与相关交割期的多空两个方向的期货合约。这是期货套利与市场中单边投机之间的最大区别。

其次，套利交易的风险相对较小，收益率不高。由于套利者同时持有多空两个方向的合约，在价格上涨和下跌时，两个期货合约必然出现一盈一亏的情况，而盈亏相抵后，套利组合收益的波动相对较小。所以套利交易对应的风险相对较小，同时其潜在的收益率也并不高。

最后，大部分套利交易者并不存在商品的现实贸易背景。套利交易者是期货市场的主要参与者之一。由于其套利合约方向相反、彼此对冲的特点，套利交易者往往只是以获取价差波动的收益为目的，往往并不存在实际的商品交易需求。另外，由于期货套利的收益率不高，为获取较高收益，需要持有较高仓位的期货数量，故套利交易者以机构与企业为主。

2) 套利的作用。

由于套利参与者大都没有商品贸易的实际需求，故而在开始时，套利行为被归为期货市场投机行为的一种。但随着套利交易的逐步发展，套利交易相较于传统投机的低风险特点逐渐被市场认识。目前，套利已经成为期货市场主要的、具有较强交易艺术的市场参与方式，推动了期货市场的发展与成熟，并有助于期货市场功能的发挥。套利交易的主要作用如下：

（1）有助于期货市场价格发现功能的发挥。

期货市场价格发现功能的发挥是建立在市场有效的前提下的，也就是说，市场价格应反映足够的市场信息。相对于套期保值者来说，由于套利者没有商品的实际贸易背景，而是通过不合理的价差来获取收益，因此，套利者会对商品间的替代关系与产业链关系进行深入的分析，当商品或某个特定的期货合约出现不合理的定价，从而出现价差套利机会时，套利者会进行反向的操作，促使扭曲的市场价格回归合理区间。同时，为获取更大的收益且需要持有两个方向的期货头寸，因此，相较于套期保值者，套利者的交易量大、交易频繁，可以不断地使期货市场的不合理价差回归正常，因此，有助于合理市场价格的产生，保证期货市场价格发现功能的有效发挥。

(2) 有利于期货市场套期保值功能的发挥。

有实物交易背景的企业参与套期保值的目的主要在于锁定原料与产成品价格，从而稳定企业经营利润。根据企业在商品产业链中所处的位置，其套期保值合约的多空方向是固定的。企业在建立套期保值头寸或在套期保值期结束时，必须在期货市场中有效地找到交易对手以实现期货合约的建仓与平仓。这就对期货市场的流动性提出了较高的要求。分析发现，套期保值者在期货市场交易者中的占比仅为10%左右。同时，相关机构对美国期货市场套期保值者所持有的头寸数量进行了分析，空头套期保值者所需的套期保值头寸与多头套期保值者所需的套期保值头寸很难完全一致。这时，套利者所持有的期货头寸正好可以为套期保值者提供对手合约并承担市场风险，弥补套期保值买卖双方的价格差距，帮助套期保值者在合适的价格以及期望的时间进行对冲平仓，从而提高套期保值者进出市场的效率并降低了套期保值风险。

(3) 可以产生低风险收益。

套利者在进行交易时，往往持有两个方向相反的期货合约，通过不合理的价差波动来获取收益。这也就意味着套利者面临的并不是商品本身价格上涨或下跌的风险，而是期货合约间的价差波动风险。一般而言，套利者的价差波动幅度要远低于商品价格的波动幅度，因此，相对于一般的期货市场投机者，套利者面临的风险要小很多。同时，在市场价格失真，出现不合理价差时，套利者通过恰当的操作，在价差回归合理区间后，在有限的风险下获取一定的价差收益。同时，相较于商品价格，价差的预测往往更为容易，成功率高，当套利者建立的套利仓位较大时，也能获得较为丰厚的投资收益。因此，套利者套利交易可以为其带来较低风险的投资收益。套利参与者在参与期货市场的交易过程中，为市场分担了风险，也提供了一定的市场流动性。同时，套利参与者也在交易过程中获得了一定的收益。具体来讲，套利交易的收益并不依赖于商品价格的单边上涨或下跌，而是取决于价差的波动幅度以及所持仓的数量。一般来讲，价差的波动率远低于商品价格本身的波动率，虽套利的收益率并不高，但其风险也极小，在持量较大时，参与机构与企业也能获得较为丰厚且十分稳定的回报。因此，套利交易也是资金量较大或风格稳健的企业与机构投资者的主要期货投资选择。

7.2 基于套期保值需求的原油期货套利方式分析

7.2.1 基于套期保值需求的套利方式的选择与改进

通过上一小节的分析，我们了解到，期货的套利交易可以帮助资金量较大的市场参与者在低风险的前提下获得一定的投资收益，这与套期保值企业的期货市场的参与规模与风险偏好较为匹配，同时，也能满足套期保值企业对于持有的期货合约的投资需求。

在期现套利、跨品种套利、跨期套利与跨市套利几种方式中，套期保值企业需要结合自身的需求进行选择。就期现套利来说，由于套期保值企业参与市场的首要目的是实现商品价格风险的规避，其持有的期现货比例是基于风险最小来确定的，若在套期保值的基础之上进行期现套利，则必然极大程度上影响套期保值的效果。同时，企业在选择套期保值期货品种的时候，也往往直接选择该商品的期货合约；若用该商品的替代产品或上下游产品，也必然影响套期保值的风险规避绩效。因此，企业的套期保值交易也很难与跨品种套利策略进行结合。

跨期套利是根据同一商品、同一期货市场的近月合约、远月合约的价差波动来获利的交易行为。可以满足套期保值者对期货商品与期货比例的要求。值得注意的是，考虑到实物交割的成本，即便是套期保值企业也通常以平仓的方式来结束套期保值头寸。在不同交割月份的期货合约中，受价格的可预测性、保证金与交易机会等因素的影响，离交割日期较远或较为临近的期货合约的交易量均较小。为保证在套期保值的过程中可以有效地实现期货的买卖，通常会选择该商品交易量较大的活跃月份合约。同时，交易量大的活跃合约由于交易量大、参与者多，往往能更好地反映市场的真实情况，进而实现更好的套期保值效果。据此，套期保值者的合约以活跃合约为主，也很难与跨期套利进行结合。

跨市套利是对同一商品在不同市场的期货合约进行的套利交易。在企业的套期保值选择中，若两个市场的商品期货均能实现一定的风险规避效果，企业就可以考虑同时持有两个，或者其中某一个期货市场的合约来进行交易。

也就是说，在同时具备风险规避效果的前提下，企业可以在套期保值方案的基础上进行不同市场商品期货合约之间的套利操作。然而，传统的跨市套利策略要求企业同时对两个期货合约进行头寸相反的操作，无法与直接单一期货净头寸的套期保值策略进行融合。因此，本书对传统的跨市套利方案进行了如下改进：

从套利的本质上来讲，如果两个相关性较高的期货合约存在某种稳定的价格关系，那么如果其价差相对于均衡状态出现了不合理的偏离，我们就可以通过减少价格相对高估的期货合约的持有，增加价格相对被低估的期货合约的头寸，在价格回归均衡状态时平仓以获取相对收益。因此，在获取价差收益时，未必需要两个期货头寸的对冲，也可以通过调节期货头寸的持有量来实现。在企业进行套期保值时，在保证持有期货头寸与现货头寸相反的前提下，可以通过调节不同市场上的期货合约的持仓量来获得跨市的套利收益。

7.2.2 套利市场的价差分析与选择

5.4 节对上海原油期货、纽约 WTI 原油期货以及伦敦布伦特原油期货价格波动之间的关系进行了检验，发现三个市场的原油期货均存在长期的协整关系，具备跨市套利的前提条件。

1）三大原油期货市场的价差分析。

进一步的，本书对 2018 年上海原油期货上市以来，三个市场原油期货活跃合约的价差作图，如图 7-4 所示：

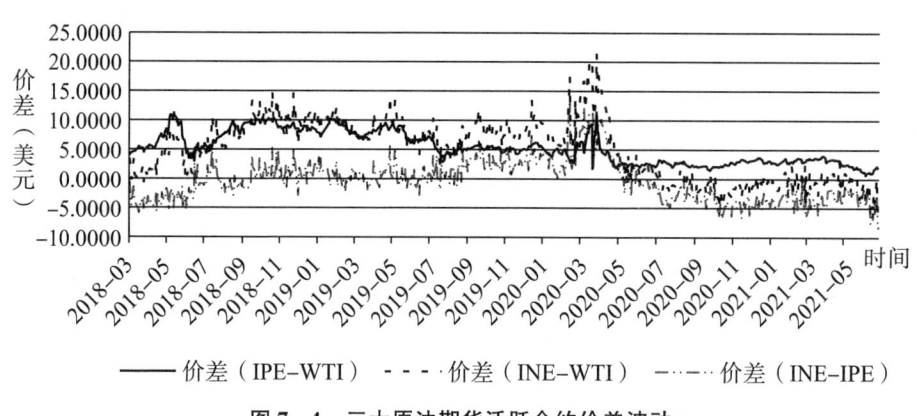

图 7-4　三大原油期货活跃合约价差波动

从图 7-4 我们可以看出，三大原油期货市场之间确实存在一定的价差。三个价差的基本统计信息如表 7-1 所示：

表 7-1 价差基本统计信息

价差市场	均值	中位值	标准差
INE-IPE	-0.370101	-0.4801	3.469338
INE-WTI	4.929313	5.9193	4.998894
IPE-WTI	5.299413	4.96	2.609477

表 7-1 显示：在三大原油期货市场中，上海原油期货市场与布伦特原油期货市场的价格较为接近，其价差均值约为-0.37。相较之下，上海原油期货市场与布伦特原油期货市场的价格普遍高于 WTI 原油期货市场的价格，其价差均值分别约为 4.93 与 5.30。就价差波动性而言，布伦特原油期货与 WTI 原油期货的价差的标准差最小。作为两个历史较久、成交量较大的成熟市场，其价差的稳定性相对较好。而上海原油期货与两大国际原油期货市场的价差波动性则相对较大，尤其是与 WTI 原油期货间的价差波动。这一方面说明我国原油期货市场已一定程度地走出了自己的独立行情；另一方面，在国内外原油期货价格长期协整的前提下，较大的价差波动也一定程度上反映出较多的套利机会。

2）原油期货市场价差的产生原因分析。

上海原油期货、WTI 原油期货、布伦特原油期货的市场价格存在一定的差异。究其根本，主要有以下几个原因：

（1）原油品质差异。

原油品质的优劣是影响原油现货价格及其期货价格的重要因素。就开采与提炼难度而言，轻质原油杂质相对较少，故成本低于中质原油；此外，原油硫含量越低，原油运输与加工等就越为便捷，成本越小，品质也越好。上海原油期货的标的物属于中质含硫原油，WTI 原油期货与布伦特原油期货的标的物均属于轻质低硫原油。标的原油品质的不同，导致三个原油期货品种的价格也有所不同。

（2）原油价格代表的地域差异。

原油期货市场所反映的原油供需情况不同，是造成其价差的另一主要原因。就三大原油期货而言，WTI 原油期货市场主要反映的是北美地区原油的供需情况，布伦特原油期货市场主要反映的是西北欧地区的原油基本面，而上海原油期货市场则主要反映亚洲地区的原油供需情况。此外，不同地域的政治稳定情况也存在较大的差异，这使得其原油价格在不同政治事件的影响下出现价差波动的情况。

(3) 运输成本差异。

原油期货到期交割原油时需要对原油进行运输，此外，不同区域在相互进出口原油时也涉及原油的运输问题。目前，WTI原油期货市场的原油是采用管道运输的方式，而布伦特原油期货市场则主要是采用海上运输，上海原油期货市场采用船舶运输。当不同区域的原油价格出现较大差异时，可以通过实物贸易来减少其价差，而运输成本就成为其价差波动的主要影响因素之一。

(4) 交割方式及地点不同。

上海原油期货市场多采用实物交割的方式，交割仓库设置在山东沿海地区、珠三角以及长三角地区，交割地点临近海港，运输便利。WTI原油期货市场都是采用实物交割，交割地点为内陆的库欣，使得原油期货市场受到地域限制。而布伦特原油期货市场是唯一采用现金结算交割方式的原油期货市场。相较之下，布伦特原油期货市场的交割方式较为便利，其近月合约的价格波动性相较实物交割的上海原油期货与WTI原油期货要小。

此外，对于实物交割的上海原油期货与WTI原油期货来说，其库存能力的差异也会在短期内影响供给与需求的平衡，从而影响期货价格。

(5) 突发事件。

突发性自然灾害、重大卫生疾病或政治事件可以在短时间内对期货市场产生巨大的影响。2020年2月，中国原油市场的需求减少，使得上海原油期货的价格相较国外原油期货的价格有所下降。2020年4月，WTI原油期货近月合约在临近结算前遭受了空头的逼仓，由于交割地库存容量不足，加之临近交割合约普遍缺乏流动性，WTI原油期货结算价最终收至 -37.63 美元/桶。而上海原油期货与布伦特原油期货由于开盘时间、交割制度、参与者反应能力与储油能力不同，受此投机事件的影响较小，与WTI的价差急速扩大。但一般而言，突发事件对原油价差的影响时间较短，在原油期现货市场的交易与贸易的关联下，其价差通常会快速回归。

(6) 汇率的变化。

上海原油期货市场是以人民币作为计价单位，WTI原油期货市场和布伦特原油期货市场是用美元计价，因此人民币与美元的汇率变化也会对三个期货市场价格产生影响。简单来说，在其他因素不变的情况下，汇率上升，人民币贬值，就会扩大上海原油期货与布伦特原油期货、WTI原油期货之间的价差；反之，汇率下降，人民币升值，则会缩小上海原油期货与布伦特原油期货、WTI原油期货之间的价差。

在以上影响因素中，除突发事件与政治稳定性外，原油品质、交割规则、运输成本等方面的影响总体上都较为稳定。当价差较大时，也会由于套利投机行为与实物原油的贸易往来而回到相对合理的水平。因此，上海原油期货、布伦特原油期货、WTI 原油期货之间的价差确实存在波动并不断回归的影响因素，拥有跨市套利的现实基础。

3) 基于胜利原油现货套期保值需求的套利市场选择。

6.3.4 小节关于三个原油期货市场对胜利原油现货的套期保值绩效研究结果显示：若用平均绩效最高的 ECM 模型来确定套期保值比率，则上海原油期货的套期保值比率为 0.935491，而布伦特原油期货与 WTI 原油期货的套期保值比率则分别为 0.396587 与 0.1977。若进行跨市套利，上海原油期货与布伦特原油期货、布伦特原油期货与 WTI 原油期货的持有比例相差较小，有利于套利的收益率；而上海原油期货与 WTI 原油期货的持有比例相差较大，则不利于套利操作与套利收益率。

但从价差波动情况来看，上海原油期货与 WTI 原油期货的价差波动幅度较大，这也意味着存在较大的价差风险与价差套利机会，若操作得当，可以很好地弥补套期保值比率所带来的套利持仓量低的问题。另外，较低的套期保值比消耗的企业资金成本也相对较少。

此外，从套期保值绩效上来看，运用上述比率套期保值后，WTI 原油期货的套期保值绩效最高，约为 0.46；而上海原油期货的套期保值绩效约为 0.40，与 WTI 原油期货的套期保值绩效相差不大。但布伦特原油期货的套期保值绩效仅有 0.16，对胜利原油现货价格风险的规避作用有限。因此，在保证套期保值效果的前提下，上海原油期货与 WTI 原油期货无疑是跨市套利的更优选择。

综上，综合套利持仓量、价差波动与套期保值绩效的相关情况，本书将在运用上海原油期货与 WTI 原油期货，采用 ECM 套期保值比率来满足企业套期保值需求的前提下，通过调整两个市场套期保值期货的持有情况，来对上海原油期货与 WTI 原油期货进行跨市套利研究。

7.3 套利套期保值过程设计

7.3.1 套利机会分析

在基于单边交易的跨市套利策略中，价格向均衡状态回归的平均周期决定了套利机会的多少。为确定周期长度，在基于前面协整关系的基础上，对上海原油期货与 WTI 原油期货对数价格序列构建误差修正模型如下：
$$\Delta BF_t = -0.0000686 + 0.075687\Delta WF_t - 0.043145 EIW_{t-1}$$

式中误差修正项 $EIW_t = FI_t - 0.7681986 - 1.014632 FW_t$，为上海原油期货与 WTI 原油期货价格协整关系中的残差序列。EIW_{t-1} 的系数则反映了短期偏离向均衡状态回归的调整力度。

Madhavan 与 Smith（1993）在其研究成果中给出了基于协整关系的半周期的计算公式：

$$\frac{T}{2} = \left|\frac{\ln 2}{\ln(1+r)}\right|$$

式中，r 为误差修正模型中误差修正项的回归系数。据此，计算出上海原油期货与 WTI 原油期货的短期偏离向均衡状态回归的平均半周期约为 31 个交易日，回归周期一般。这也说明两个市场的原油期货之间存在一定的套利机会，可以帮助套期保值企业获得套期保值交易中的超额收益。

7.3.2 套利交易策略分析

跨市套利的本质是价差套利，基于上海原油期货与 WTI 原油期货的协整关系，其价差序列（spread）可以由以下方程得出：

$$spread_t = FI_t - 0.7681986 - 1.014632 FW_t$$

将上述价差序列减去其均值 mean（spread）后，得去中心化序列 mspread。

$$mspread_t = spread_t - \text{mean}(spread)$$

在序列 mspread 的基础上，我们可以构造出跨市套利的交易策略。考虑到企业在套期保值过程中需长期持有一定数量的期货合约，同时，为保证期货合约的流动性并增强与现货价格的一致性，企业持有的期货合约以活跃合约为主。因此，企业在套期保值过程中，每隔一至两月就需要通过交易替换延长持有的原油期货合约的交割月份。为增加与套期保值合约交易替换频率的一致性并降低交易成本，本书在设计套利策略时，有意识地将交易替换频率提高，以 0.5 倍标准差作为交易触发点。结合前述套期保值研究结果，假设企业有 1 个单位的胜利原油现货需进行套期保值，设计交易策略如下：

套期保值周期的期初：若 $mspread_t \geqslant 0.5\sigma_{spread}$，则企业以 0.1977 个单位的 WTI 原油期货作为初始的套期保值合约；考虑到我国企业参与上海原油期货市场交易的便利性，若 $mspread_t < 0.5\sigma_{spread}$，则使用上海原油期货的活跃合约进行套期保值，套期保值比率为 0.935491。

套期保值期中至套期保值结束：当 $mspread_t \leqslant -0.5\sigma_{spread}$，则将套期保值 WTI 原油期货合约调整为 0.935491 单位上海原油期货；若 $mspread_t > 0.5\sigma_{spread}$，则将套期保值的上海原油期货合约调整为 0.1977 单位 WTI 原油期货。

在整个套期保值期间，为实现有效的风险规避，企业应持续持有套期保值的期货头寸。因此，在套期保值基础上进行的跨市套利交易并不需要设置套利的止损点，只需要在套期保值区间结束时将期货合约平仓，完成套期保值即可。

7.4 套利套期保值策略的实证检验

7.4.1 套利案例分析

我国上海原油期货于 2018 年 3 月 26 日正式挂牌交易。对 2018 年 3 月 26 日至 2021 年 7 月 20 日上海原油期货合约的日结算价与纽约 WTI 原油期货的日结算价作去基于协整关系的价差序列图，如图 7-5 所示。

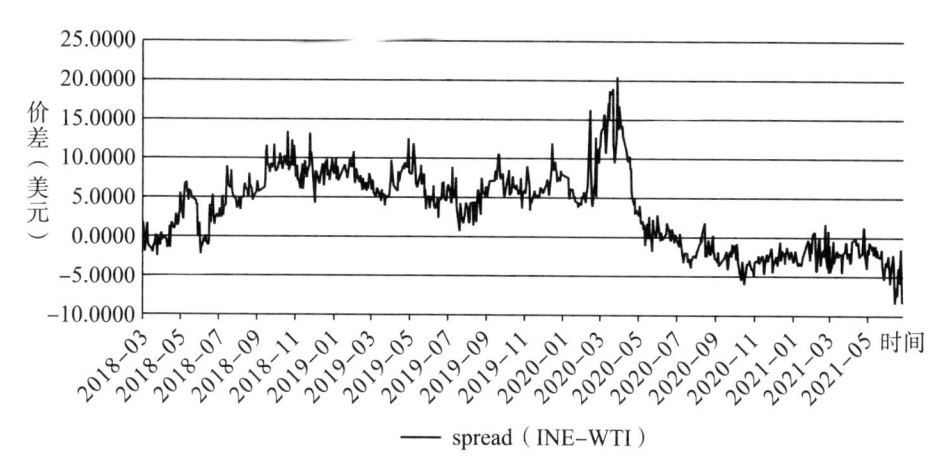

图 7-5 2018 年 3 月 26 日至 2021 年 7 月 20 日上海原油期货与 WTI 原油期货去协整的价差序列

数据来源：万得数据库。

由图可知，在我国原油期货上市之初，由于市场发展还不够成熟，交易量与市场参与者均有所不足，故我国原油期货还处于影子市场的阶段，与 WTI 原油期货的价差在零线上下波动。此外，在 2020 年 2—5 月期间，在全球原油需求骤减、世界能源巨头博弈与投机资金逼仓等事件的影响下，上海原油期货与WTI原油期货的价差出现了大幅波动。考虑到原油市场已走向成熟且异常极端事件出现概率极低,该时间段的价差波动代表性不足,且不能很好地反映市场的真实情况。因此,本书在进行实证研究时,主要采用2018年7月至2020年1月、2020年7月到2021年6月的数据,来对我国原油期货上市并基本成熟后的一年半与近一年的套利套期保值策略进行实证分析。

1)实证案例一。

若某原油生产企业A的套期保值区间为2018年8月至2020年1月,为规避原油市场的价格风险,考虑卖出上海原油期货合约或WTI原油期货合约进行套期保值。同时,企业计划通过跨市套利,通过持有的原油期货合约获取一定收益。首先,对上海原油期货与WTI原油期货作去中心化的价差波动图,如图7-6所示:

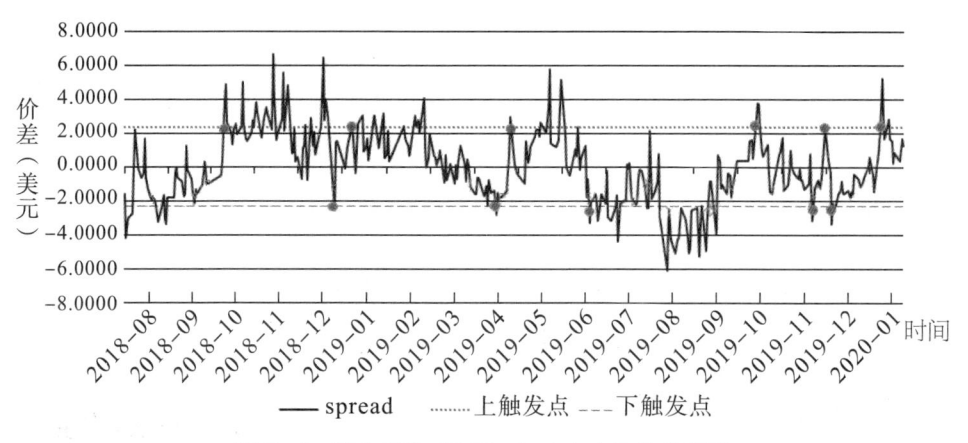

图7-6 跨市套利(案例一)去中心化价差序列

由图7-6可知,企业A在套期保值期间的期初,应以上海原油期货作为套期保值合约。期中其套利交易的时间点与交易方向如表7-2所示:

表7-2 案例一套利交易统计

序号	交易时间	交易方向
1	2018/10/9	上海原油期货合约平仓,卖出WTI原油期货合约
2	2018/12/26	WTI原油期货合约平仓,卖出上海原油期货合约
3	2019/1/7	上海原油期货合约平仓,卖出WTI原油期货合约
4	2019/4/16	WTI原油期货合约平仓,卖出上海原油期货合约
5	2019/4/26	上海原油期货合约平仓,卖出WTI原油期货合约

续表7-2

序号	交易时间	交易方向
6	2019/6/20	WTI原油期货合约平仓，卖出上海原油期货合约
7	2019/10/14	上海原油期货合约平仓，卖出WTI原油期货合约
8	2019/11/21	WTI原油期货合约平仓，卖出上海原油期货合约
9	2020/1/8	上海原油期货合约平仓，卖出WTI原油期货合约

表7-2显示：整个套期保值期间，共出现交易触发点9次，完成5.5个来回的套利交易。由于期货交易手续费较低且各个企业费用不同，本书暂不考虑其交易费用。在此假设下，对一个单位现货头寸持有的期货合约而言，其一次套利交易的收益约为0.9848美元。据此，在本案例的套利区间，其累计收益约为5.4164美元。按照其套期保值期间上海原油期货与WTI原油期货平均结算价，估算其套利收益率约为8.6%，平时日收益率约为0.016%。原油主力合约的期货保证金通常在7%～10%，因此，在套期保值基础上进行的跨市套利交易可以很大程度上抵消企业在套期保值过程中所付出的资金成本并获取超额收益。

2）实证案例二。

若某原油炼化企业B的套期保值区间为2020年7月至2021年6月，为规避原油市场的价格风险，需要持有上海原油期货或WTI原油期货的多头合约进行套期保值。同时，企业亦希望跨市套利获取超额收益。该套期保值期间，上海原油期货与WTI原油期货的去中心化的价差波动如图7-7所示：

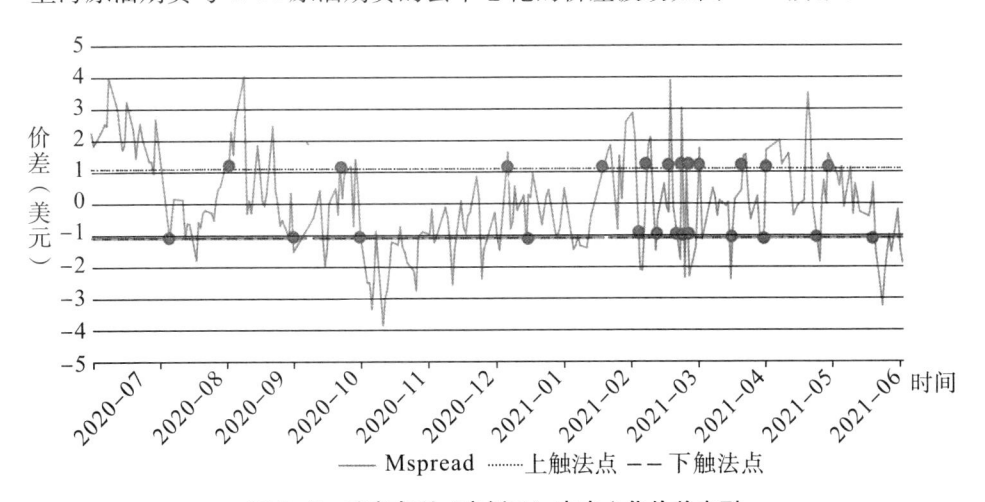

图7-7 跨市套利（案例二）去中心化价差序列

由图 7-7 可知，企业 B 在套期保值期初，应以 WTI 原油期货作为套期保值合约。期中其套利交易的时间点与交易方向如表 7-3 所示。

表 7-3 案例二套利交易统计

序号	交易时间	交易方向
1	2020/8/17	WTI 原油期货合约平仓，买入上海原油期货合约
2	2020/8/31	上海原油期货合约平仓，买入 WTI 原油期货合约
3	2020/9/30	WTI 原油期货合约平仓，买入上海原油期货合约
4	2020/10/21	上海原油期货合约平仓，买入 WTI 原油期货合约
5	2020/11/2	WTI 原油期货合约平仓，买入上海原油期货合约
6	2021/1/4	上海原油期货合约平仓，买入 WTI 原油期货合约
7	2021/1/12	WTI 原油期货合约平仓，买入上海原油期货合约
8	2021/2/18	上海原油期货合约平仓，买入 WTI 原油期货合约
9	2021/3/4	WTI 原油期货合约平仓，买入上海原油期货合约
10	2021/3/8	上海原油期货合约平仓，买入 WTI 原油期货合约
11	2021/3/11	WTI 原油期货合约平仓，买入上海原油期货合约
12	2021/3/18	上海原油期货合约平仓，买入 WTI 原油期货合约
13	2021/3/22	WTI 原油期货合约平仓，买入上海原油期货合约
14	2021/3/23	上海原油期货合约平仓，买入 WTI 原油期货合约
15	2021/3/24	WTI 原油期货合约平仓，买入上海原油期货合约
16	2021/3/25	上海原油期货合约平仓，买入 WTI 原油期货合约
17	2021/3/26	WTI 原油期货合约平仓，买入上海原油期货合约
18	2021/3/31	上海原油期货合约平仓，买入 WTI 原油期货合约
19	2021/4/1	WTI 原油期货合约平仓，买入上海原油期货合约
20	2021/4/20	上海原油期货合约平仓，买入 WTI 原油期货合约
21	2021/4/28	WTI 原油期货合约平仓，买入上海原油期货合约
22	2021/4/30	上海原油期货合约平仓，买入 WTI 原油期货合约
23	2021/5/24	WTI 原油期货合约平仓，买入上海原油期货合约
24	2021/5/28	上海原油期货合约平仓，买入 WTI 原油期货合约
25	2021/6/18	WTI 原油期货合约平仓，买入上海原油期货合约

表 7-3 显示：整个套期保值期间，出现的交易触发点较多，合计 25 次，完成 12.5 个来回的套利交易。据此，在企业 B 的套利区间，其累计收益约为 5.8058 美元。按照其套期保值期间上海原油期货与 WTI 原油期货平均结算价，估算其套利收益率约为 11.26%，平时日收益率约为 0.031%。由于世界形势带来的不确定性及对原油需求与贸易往来的影响，企业 B 所在的套期保值区间中，上海原油期货与 WTI 原油期货的价差波动较大，套利机会与套利收益均显著增加。在原油市场不确定性较强的情况下，套利套期保值策略不仅可以帮助企业有效规避风险，更可以帮助企业获取低风险下的投资收益。

7.4.2 套利套期保值策略与基础套期保值策略的绩效对比

为进一步对比基础套期保值策略与实证案例中套利套期保值策略中的收益与风险的相对效用，本书选用 Chang 和 Shanker（1987）提出的修正夏普比率作为绩效衡量指标，以验证融入跨市套利后，基础套期保值策略的改进程度。修正夏普比率的计算公式如下：

$$HP_s = \frac{\theta_h - \theta_s}{\theta_s}$$

式中，$\theta_h = \frac{r_h - i}{\sigma_h}$，$\theta_s = \frac{r_s - i}{\sigma_s}$；$r_h$ 为套期保值组合收益率；r_s 为未套期保值现货收益率。为使修正夏普比率为正并便于比较，本书以企业最低期望收益率代替无风险利率，将 i 值假设为零。θ_h 及 θ_s 则分别代表套期保值和未套期保值的夏普比率。

据此，计算企业 A 与企业 B 的套利套期保值策略、上海原油期货及 WTI 原油期货的基础套期保值策略修正夏普比率如表 7-4 所示：

表 7-4　不同套期保值策略修正夏普比率

类型	上海原油期货基础套期保值策略	WTI 原油期货基础套期保值策略	企业 A 套利套期保值策略	企业 B 套利套期保值策略
修正夏普比率	0.687379	0.764724	1.177106	1.604226

表 7-4 结果显示，WTI 原油期货的价格波动比上海原油期货的价格价格波动更大，因此，在综合考虑风险与收益的情况下，企业采用上海原油期货套期保值的绩效优于 WTI 原油期货，但其绩效相差仍较小。另外，由于获得了跨市套利收益，企业 A 与企业 B 的套利套期保值策略的修正夏普比率显著优于基础套期保值策略；同时，企业 B 套利套期保值策略的修正夏普比率优于

企业 A 套利套期保值策略的修正夏普比率。这说明，虽然企业 B 所处的套期保值期间原油期货的价格及两个市场的价差波动较大，但相对于承担的风险，企业仍可获得相对较大的投资收益。

结　论

2000年以来，国际油价经历了高位震荡，也经历了低价波动，甚至出现负油价的极端情形，其波动幅度已完全脱离了供需的基本面情况。作为原油消费与进口大国，油价波动更是给我国相关企业的平稳经营带来了巨大的挑战。

为找到原油价格波动的内在原因并在考虑企业投资收益的前提下探寻我国原油企业的恰当套期保值策略，本书对原油价格波动的成因、基础套期保值策略、套利策略与套期保值策略的融合进行了研究，具体研究成果如下：

其一，本书在油价波动的基本供求因素与政治因素的基础上分析了原油价格金融属性的产生、原油价格波动的主要金融影响因素，研究了原油价格波动金融成因的内在机理，落实了油价巨幅波动的深层次原因。

结论1：原油产品本身具有的能源战略地位、供给分布不均衡、需求的不可替代性与相对稳定性决定了原油价格的频繁波动特征。原油价格的供给与需求构成了原油价格波动的基本面因素，而政治因素则对原油价格波动产生短期的突发性干扰，但这并不足以解释原油价格波动与供需因素的长期背离。

结论2：金融因素是国际油价巨幅波动的主要原因。一方面，原油以美元计价的特点决定了原油价格与美元汇率之间的强关联性；此外，各国对原油计价货币的争夺更是加强了原油价格的不确定性。另一方面，伴随全球原油期货市场的快速发展，原油美元的累积与流动，大量投资、投机、套期保值者的涌入，原油金融属性产生并进一步强化。金融因素通过汇率市场、期货市场影响原油供求与投机氛围从而成为影响国际油价波动的重要因素。

其二，分析了国内外典型原油期货市场与胜利原油现货市场之间的价格关系。本书对国内外原油期货市场的发展过程进行了梳理，并结合相关数据对各原油期货价格与胜利原油现货价格、各原油期货价格之间的关系进行了实证分析。

结论3：我国胜利原油现货与上海原油期货、伦敦布伦特原油期货以及纽约WTI原油期货价格之间均存在协整关系。对胜利原油现货与三种原油期货的价格序列进行协整检验后发现，胜利原油的价格分别与三个原油期货的价格波动存在长期稳定的协整关系；进一步对其双向的引导关系进行分析后发现：上海原油期货市场价格发现功能发挥得较好，而伦敦布伦特原油期货对胜利原油现货价格存在单向的引导关系，WTI原油期货与胜利原油现货则存在较为均衡的双向引导关系。这为中国企业利用相应原油期货市场进行套期保值提供了基础条件。

结论4：上海原油期货、伦敦布伦特原油期货以及纽约WTI原油期货价格之间均存在协整关系。通过对上海原油期货、WTI原油期货以及布伦特油期货三者间价格引导关系的实证研究，本书发现：三种原油期货价格波动的一致性较强，且均存在双向的引导关系；根据G－S检验的结果，相较之下，WTI原油期货的影响较大，拥有较大的原油国际定价权。而我国的原油期货虽有一定定价权，但由于上市时间较短，影响力尚待加强。同时，三者之间的协整关系也为原油期货的跨市套利提供了前提条件。

其三，建立了中国企业规避油价风险的基础套期保值策略。结合我国企业油价风险较大的现实情况，在已验证国内外原油期货市场套期保值有效性的基础上，本书应用OLS、ECM与ECM－GARCH等模型，对不同套期保值原油合约与套期保值的比率进行了计算，通过绩效对比，找出了较优的中国企业油价风险规避的基础套期保值策略。

结论5：从套期保值比率来看，上海原油期货对套期保值资金的占用最高，而WTI原油期货对资金的占用最小。从OLS与ECM模型估计的套期保值比率数值来看，上海原油期货套期保值比较高，伦敦布伦特原油期货次之，而WTI原油期货的套期保值比率最低。此外，考虑到收益率序列存在波动集聚性，本书采用ECM－BGARCH模型对三种期货合约的动态套期保值比率进行了估计。结果显示，WTI原油期货的平均套期保值比同样明显低于上海原油期货及伦敦布伦特原油期货。

结论6：动态套期保值率的效果与静态套期保值率各有优劣，综合来看，ECM模型确定的套期保值比率效果最优。针对中国企业利用原油期货进行套期保值以规避原油价格波动风险的套期保值比率确定问题，本书采用三种模型估算了套期保值比率。通过对套期保值绩效的检验，我们发现三种模型所计算出的套期保值率均能起到较好的套期保值效果。其中，ECM－GARCH模型的动态套期保值率的效果与ECM模型的静态套期保值率的绩效较OLS模型更优。结合套期保值操作的便利性，ECM模型套期保值率的套期保值绩效最优。

结论7：中国企业选择上海原油期货与WTI原油期货合约均能取得较好的套期保值效果，布伦特原油期货效果相对较差。本书对三种期货合约的套期保值绩效进行了分析。结果显示，从几类套期保值比率的绩效平均值来看，中国企业利用WTI原油期货进行套期保值效果最好，上海原油期货效果略次，差别较小，而采用布伦特原油期货的效果则较差。

其四，为平衡企业的风险规避需求与投资逐利冲动，本书对套利的常见形式与特点进行了梳理，将传统套利模型进行改进并将其引入原油套期保值模型。通过实证比较，发现相比于传统的套期保值方案，中国企业采用套利套期保值方案获得的风险与收益的相对效益更优。

结论8：上海原油期货与WTI原油期货之间存在一定的跨市套利机会，可以融合进套期保值策略中，为企业提高投资收益。在多类套期保值中，考虑到套期保值的前提，同时结合前文中上海原油期货与WTI原油期货套期保值绩效相似的结论，本书选择对传统跨市套利方案进行改进，基于单边交易的持仓数量调整来将跨市套利融入套期保值策略中，建立起套利套期保值的交易策略。

结论9：相比于传统的套期保值方案，套利套期保值方案能为企业增加额外投资收益。从实证分析的结果来看，融入跨市套利策略可以为企业带来每年约6%~11%的收益，极大地降低了企业的财务成本并有机会获取可观的超额收益。依据修正夏普比率最大化原则，对三种套期保值策略进行了绩效对比，结果显示，在有限的风险下，套利套期保值方案能有效提升基础套期保值策略的收益水平，提高企业投资收益。

参考文献

曹培慎，唐露芳，2011. 上海燃料油期货套期保值比率选取的实证研究 [J]. 统计与信息论坛 (5).

陈明华，2013. 基于金融因素的国际油价波动分析：理论与实证 [J]. 宏观经济研究 (5).

陈曦，2006. 沪铜期价影响因素的实证分析 [D]. 武汉：武汉理工大学.

陈曦，2016. 国际原油期货统计套期保值比率的实证分析 [J]. 统计与决策 (18).

陈曦，谢苇，2016. 中国企业规避油价波动风险的套期保值策略研究 [J]. 经济体制改革 (3).

董静寒，2017. 供需作用下的石油价格分析 [J]. 中国石油大学胜利学院学报，31 (3).

方燕，李美，2012. 国际石油价格波动影响因素的实证分析 [J]. 价格理论与实践 (7).

韩冬炎，2004. 中国石油价格形成机理及调控机制的研究 [D]. 哈尔滨：哈尔滨工程大学.

郝鸿毅，曲会，庞雄奇，等，2008. 石油峰值是高油价的"幕后推手" [J]. 国际石油经济 (6).

何鸿，2013. 石油价格影响因素分析及未来走势展望 [J]. 中国矿业，22 (S1).

黄瑞庆，何晓彬，2005. 我国期货市场套期保值比率的估计方法 [J]. 统计与决策 (7).

蒋瑛，2014. 石油期货市场中的投机行为及其对石油期货价格波动的影响研究 [J]. 四川大学学报（哲学社会科学版）(1).

李蕊，2011. 利用沪深300指数期货进行套期保值的最优比率估计与绩效研究 [J]. 新金融 (9).

梁静溪，司莹莹，2012. 国内大豆期货最优套期保值比率估算及比较 [J]. 北方经贸 (2).

廖肇黎，张宏民，2009. 应用上海燃料油期货套期保值航空燃油的可行性分析 [J]. 国际石油经济 (8).

凌鹏，2007. 我国铜期货市场套期保值绩效实证研究 [D]. 广州：暨南大学.

刘建，2013. 市场基本面、期货投机与国际油价波动——基于SVAR模型的实证分析 [J]. 经济经纬 (6).

刘建和，韩超，陈羽瑱，2017. 原油期货价格与人民币汇率风险溢出效应研究 [J]. 价格理论与实践 (8).

陆宇建，张继袖，吴爱平，2007."中航油"事件的行为金融学思考［J］.软科学（4）.

马郑玮，张家玮，曹高航，2019.国际原油期货价格波动及其影响因素研究［J］.价格理论与实践（4）.

彭红枫，胡聪慧，2009.中国大豆期货市场最优套期保值比率的实证研究［J］.技术经济，28（1）.

钱丽霞，黄运成，2009.股指期货套期保值绩效的实证研究［J］.统计与决策（5）.

宋玉华，林治乾，孙泽生，2008.期货市场、对冲基金与国际原油价格波动［J］.国际石油经济（4）.

隋颜休，郭强，2014.期货市场的投机因素对国际油价波动的影响——基于2000—2013年的结构断点分析［J］.宏观经济研究（8）.

孙瑾，赵志宏，2013.航空公司利用上海燃料油期货套期保值交易的战略研究——基于ECM-GARCH模型的实证分析［J］.金融发展研究（6）.

孙苏娟，2010.我国燃料油市场现货价格和期货价格实证分析［J］.经营管理者（18）.

孙焱林，刘垚，2019.国际石油价格波动对石油进出口国汇率的影响［J］.统计与决策，35（21）.

王健，2009.航空燃油的套期保值策略设计［D］.广州：华南理工大学.

王骏，张宗成，2005.中国期货市场套期保值绩效实证研究［J］.证券市场导报（11）.

王倩，2016.基于石油金融属性视角的国际石油价格波动研究［D］.长春：吉林大学.

徐禾慧，2019.国际石油价格的影响因素分析［D］.北京：北京外国语大学.

阎新奇，2020.中国原油期货价格发现功能有效性研究［D］.上海：中共上海市委党校.

于宏源，2020.地缘政治视域下国际石油价格的震荡及应对［J］.国际展望，12（6）.

袁康，2020.INE原油期货上市对国内原油现货价格的影响［D］.兰州：兰州大学.

曾和丽，2018.供需平衡视角下的我国油价分析［J］.品牌研究（4）.

张瑞琪，2018.基于ECM-GARCH模型对上证50股指期货套期保值的实证分析［J］.科技经济市场（3）.

张昕，马登科，2010.投机基金持仓头寸与国际油价动荡：1994—2009［J］.广东金融学院学报（1）.

张玉柯，胡光辉，2012.国际石油价格波动理论：基于石油属性的分析［J］.河北大学学报（哲学社会科学版），37（6）.

张元祯，2020.沪铜期货套期保值比率比较研究［J］.青海金融（10）.

Amano R A，Norden S V，1998. Oil prices and the rise and fall of the US real exchange rate［J］. Journal of International Money and Finance（17）.

Bjirnland H C，2000. The dynamic of aggregate demand, supply and oil price shocks—a comparative study［J］. The Manchester School，68（5）.

Ederington L H，1979. The hedging performance and basis risk in stock index futures［J］. Journal of Futures Markets（34）.

Engle R B, Granger C W, 1987. Cointegration, estimation and testing [J]. Econometrica (55).

Gately D, Huntington H G, 2002. The asymmetric effects of changes in price and income on energy and oil demand [J]. The Energy Journal (1).

Ghosh A, 1993. Hedging with stock index futures: estimation and forecasting with error correction model [J]. The Journal of Futures Markets (13).

Lutz K, 2009. Not all oil price shocks are alike: disentangling demand and supply shocks in the crude oil market [R]. CEPR Discussion Papers.

Martin F, 2008. Tlie dollar hits an oil slick [J]. Project Syndicate (5).

Mathews K H, Holthausen D M, 1991. A simple multiperiod minimum risk hedge model [J]. American Journal of Agricultural Economics, 73 (4).

NYMEX, 2005. A review of recent hedge fund participation in nymex natural gas and crude oil futures markets [R]. New York: NYMEX.

Robert M, 2008. Speculators fixing oil prices? don't bet on it [R]. Institute for Energy Research Working Papers.